Escrever jamais é sabido;
o que se escreve tem caminhos;
escrever é sempre estrear-se
e já não serve o antigo ancinho.

João Cabral de Melo Neto
Agrestes

Sumário

9   Novas paisagens, Antonio Carlos Secchin
27 *A Augusto de Campos*

   Do Recife, de Pernambuco

31 O nada que é
32 Cais do Apolo
34 O jardim de minha avó
36 Seu Melo, do engenho Tabocas
39 A Roda dos Expostos da Jaqueira
41 As latrinas do Colégio Marista do Recife
42 Uma evocação do Recife
44 Conversa em Londres, 1952
47 Teologia marista
49 Lembrança do Porto dos Cavalos
50 O luto no Sertão
51 Por que prenderam o "Cabeleira"
54 Um baobá no Recife
56 O Capibaribe e a leitura
57 *The Return of the Native*

59 A preguiça
60 A rede ou o que Sevilha não conhece
61 O helicóptero de Nossa Senhora do Carmo

AINDA, OU SEMPRE, SEVILHA

67 Conversa de sevilhana
69 Lembrando Manolete
70 Bancos & catedrais
72 *Portrait of a Lady*
73 A Giralda
74 O mito em carne viva
76 Ocorrências de uma sevilhana
79 Uma *bailadora* sevilhana
80 A luz de Sevilha
81 A Antonio Mairena, *cantador de flamenco*
82 Anunciação de Sevilha
84 A entrevistada disse, na entrevista:
86 *España en el corazón*
88 Por um monumento no Pumarejo

LINGUAGENS ALHEIAS

93 Homenagem a Paul Klee
94 Ao Reverendo George Crabbe
96 A Camilo Castelo Branco
97 Caricatura de Henry James
98 Murilo Mendes e os rios
99 Ouvindo em disco Marianne Moore
100 Visita a São Miguel de Seide
102 O poeta Thomas Hardy fala
103 Dúvidas apócrifas de Marianne Moore
104 A poesia de William Empson

105	O ceramista
106	Falar com coisas
107	A W. H. Auden
108	Denton Welch
109	Diante da folha branca
110	De um jogador brasileiro a um técnico espanhol
111	A literatura como turismo
112	Homenagem renovada a Marianne Moore
113	Díptico: José Américo de Almeida
114	Debruçado sobre os *Cadernos* de Paul Valéry
116	Contam de Clarice Lispector
117	O último poema
118	Sobre Elizabeth Bishop
119	Um piolho de Rui Barbosa

DO OUTRO LADO DA RUA

123	O baobá no Senegal
124	Lembrança do Mali
125	O baobá como cemitério
126	Na Guiné
127	Praia ao norte de Dacar
128	África & poesia
129	A água da areia
130	O Senegal *versus* a cabra
131	Em missão, de Dacar a Bissau
132	Os cajueiros da Guiné-Bissau

VIVER NOS ANDES

135	No Páramo
136	O corredor de vulcões
137	O índio da Cordilheira

138 Afogado nos Andes
140 O trono da ovelha
141 Um sono sem frestas
142 Uma enorme rês deitada
143 Cemitério na Cordilheira
144 O ritmo do Chimborazo
145 O Chimborazo como tribuna

A "Indesejada das Gentes"

149 Conselhos do Conselheiro
151 O defunto amordaçado
152 As astúcias da morte
154 A morte dos outros
155 Como a morte se infiltra
157 A cama e um automóvel
158 Morrer de avião
160 Direito à morte
161 O ovo podre
162 A travessia do Atlântico
163 Cemitérios metropolitanos
165 Os vizinhos
166 Questão de pontuação
167 Sujam o suicídio
169 *O postigo*

Apêndices

175 Cronologia
178 Bibliografia do autor
182 Bibliografia selecionada sobre o autor
186 Índice de títulos
190 Índice de primeiros versos

Novas paisagens

Em 1985, João Cabral publicou *Agrestes*, seu décimo sétimo livro. Para um homem que, desde 1947, já anunciava a intenção de desistir da poesia, é notável como, apesar de tudo, a poesia não desistiu de freqüentá-lo. À época, atravessávamos um momento de certa letargia poética. Exaurira-se o filão "espontaneísta" que marcara a denominada "geração marginal", dos anos 70, sem que qualquer nova proposta fosse vislumbrada no horizonte. A rigor, a obra de Cabral, embora respeitada, passava por um período de menor ressonância, tanto no que se refere ao que ela representava como *lição* pretérita (considerada excessivamente formalista e cerebral), quanto no que ela, concretamente, apresentava como *prática* ou *alternativa* efetiva frente ao conjunto da cena literária de então.

Se tomarmos como referência *Museu de tudo* (1975) — livro que o poeta afirmou ser um conjunto aleatório de textos —, não deixa de ser tentador situar *Agrestes* como obra que "relê" a anterior. Falando das mesmas paisagens, já as faz diversas pelo fato de conectá-las em blocos ou "salas" temáticas, em oposição ao caráter difuso da publicação de 75. A hipótese de releitura se fundamenta em nítidas simetrias entre ambas as coletâneas. Assim, se dos textos de *Agrestes* excluirmos os que integram uma seção impensável no outro livro (pois à época o poeta-diplomata ainda não havia servido na região andina), chegaremos a oitenta poemas, exatamente o total de *Museu de tudo*. Mais: o *Museu* poderia ocupar, sem contestação, as mesmas "grandes salas" de *Agrestes*, a saber: "Do Recife, de Pernambuco", "Ainda, ou sempre, Sevilha", "Linguagens alheias", "Do outro lado da rua" (sobre a África) e "A indesejada das gentes" (sobre a morte). Outro dado confirmador da hipótese de releitura é que, se catalogássemos as "peças" do *Museu* em termos de incidência, as mais numerosas integrariam o acervo metalingüístico; a seguir, em ordem decrescente, a seção regionalista brasileira; logo após, quase igualados, o espaço espanhol e a morte; por fim, a presença africana. Ora, o livro de 1985 reitera *rigorosamente* a incidência proporcional verificada na obra de 1975, mostrando um Cabral obcecado não apenas no *quê* dizer, mas no *quanto* dizer acerca do que diz. Em *Agrestes,* portanto, o poeta retorna àquilo sobre o qual já versou. Elaborando em novo conjunto um material que lhe ecoava como sabido, tratou de desafiar-se para dele extrair o que, sob a superfície do re-dito, ainda poderia vigorar como inédito, ou inaudito. Examinemos mais de perto a obra.

O título — *Agrestes* — oscila na faixa ambígua do substantivo/adjetivo. No singular, como adjetivo, significa "rude, inclemente, rigoroso". Substantivo, designa um campo não-cultivado, ou a zona entre a Mata e o Sertão, com solo pedregoso e vegetação escassa. Trata-se, portanto, de um espaço de intervalo, de trânsito/transição entre a uberdade da mata e a aridez sertaneja. Aí, de algum modo, podemos localizar a própria poesia de Cabral, com seu verso "pedregoso" e sua rala floração adjetiva. Mas em que consistiria o pedregoso de sua elocução? Além de uma óbvia mineralização da paisagem, com seus componentes humanos sustados da ênfase, do dramático ou do sublime, verifica-se uma presença-pedra em certos cortes bruscos de sintaxe, e no manejo da elipse, que subtrai à frase seu andamento previsível e lança o leitor na suposição de que algo *estaria faltando* naquele discurso. Igualmente expressivas são as pedras fonéticas, perceptíveis não apenas no largo emprego de encontros consonantais de efeitos rascantes, mas também no jogo — levado a extremo em *Agrestes* — de flutuação entre fonemas vocálicos que, em prol do isossilabismo, ora se comprimem em ditongos, ora se dilatam em hiatos, não pela índole natural da língua, mas por uma exigência técnica acintosamente "artificial" na fatura do poema, impedindo-nos de dar-lhe a cadência previamente estatuída pelo idioma e, aos sobressaltos, forçando-nos a uma reorientação verso a verso para acatar o sistema métrico em vigor no poema. Ademais, dos 92 poemas do livro (dos quais 34 em dísticos, 46 em quadras e os restantes em estrofes longas, mas sempre múltiplas de 4), nada menos do que 76 se constroem em octossílabos, o que, em si, já representa uma desestabilização dos parâmetros mais constantes do verso em língua portuguesa, fundados nos metros de cinco, sete ou dez sílabas.

As seis seções de *Agrestes*, precedidas pelo poema *"A Augusto de Campos"*, e sucedidas por *"O postigo"*, corporificam na trajetória cabralina a derradeira manifestação de um projeto explícito de compartimentação temática da obra, cujo precedente remonta a 1966, com *A educação pela pedra* e seus dois blocos, o do "Nordeste" e o do "Não-Nordeste". A terra nordestina é o centro do sistema (literalmente) *solar* de sua poesia, o núcleo gerador de onde tudo se irradia, alcançando inclusive o não-Nordeste, para onde, como num moto-perpétuo, tudo converge, transformando-se de novo em Nordeste. O poeta sente-se mal sob a rubrica de escritor *brasileiro*, preferindo declarar-se um poeta de Pernambuco: é daí que emanam os seus versos; é aí, também, que se localiza a primeira seção de *Agrestes*: "Do Recife, de Pernambuco". Os 18 poemas deste bloco inicial, ora descritivos, ora narrativos, dividem-se equanimemente entre a capital e o interior. Em termos gerais, as evocações da cidade são marcadas por um tom acidamente nostálgico frente à degradação urbanística.

É de mulheres e linguagens que se ocupam os 14 poemas da seção "Ainda, ou sempre, Sevilha". A Andaluzia, tantas vezes interpretada na topografia cabralina como similar ao espaço nordestino (numa confluência reiterada pelo próprio poeta), desdobra-se, porém, em algumas configurações de todo inexistentes em sua terra de origem. Assim, a celebração erótica do feminino, reprimida no rude e asséptico Sertão, explodirá com inesperada intensidade no espaço sevilhano já a partir de *Quaderna* (1959). Outra diferença notável diz respeito à relação entre os habitantes e a natureza dos dois espaços. Enquanto, sob um sol que devasta, o nordestino parece mimetizar o espaço externo, dele absorvendo o ritmo de modorra, o raquitismo e a *resignação* (rios que fluem devagar, árvores e homens atrofiados), o andaluz pauta-se pelo gesto de constante *desafio*, de que a tourada e o canto *gitano* são consumadas demonstrações. Este viver *contra*, este encarar o adverso materializam-se, em termos estéticos, na linguagem do *limite*, do ponto extremo a que se pode lançar a experiência humana. Daí a indissociabilidade do viver/criar, que desloca a criação artística do anódino torneio ornamental para lançá-la de chofre em meio ao risco e à convulsão do que vive.

O terceiro conjunto de *Agrestes* congrega, sob a rubrica "Outras linguagens", 24 poemas, vinte dos quais relativos à literatura, três às artes plásticas e um ao futebol. Embora em alguns textos prevaleça o tom anedótico ou biográfico — como nas tentativas de compreensão de Camilo Castelo Branco, ou no sarcasmo desferido contra as afetadas boas maneiras de Henry James —, destacam-se, de modo inequívoco, as reflexões sobre a criação poética, capturada sob os mais diversos prismas: motivações, processos, resultados. A rigor, as linguagens não chegam a ser inteiramente "outras" porque, ao dizer-nos a sua escuta, o poeta não deixa de fazer-se ver mesclado àquilo que descreve. A todo momento, é a própria poética de João Cabral que está em jogo, metamorfoseada nas afinidades eletivas em que o "eu" do poema é um "outro", desde que esse "outro" também seja "eu". A rede de ressonâncias lançada pelo poeta projeta-se nitidamente para além do âmbito da literatura brasileira; seus grandes alvos interlocutórios são escritores de língua inglesa: Marianne Moore, George Crabbe, Thomas Hardy, William Empson, W. H. Auden, Denton Welch; em escala bem mais modesta, a literatura francesa se faz presente com Mallarmé e Valéry (este, na condição de ensaísta, não de poeta).

Situando-se num pólo prioritário de solaridade e de assepsia, o universo cabralino não se esquiva dos traços da impureza e da contingência, numa tensão pouco explorada pela fortuna crítica do poeta. Fascinada pela eternidade mineral, mas receptiva à contundência do precário, sua poesia não se preocupa em esconder os andaimes, às vezes defeituosos, que a ajudaram a erguer-se. É o que, expresso em *Museu de tudo* (a "torta visão de uma alma/ no pleno estertor de criar"), reaparece agora em "Debruçado sobre os *Cadernos* de Paul Valéry":

> [Valéry] revela os tortuosos caminhos
> que, partindo do mais mesquinho,
>
> vão dar ao perfeito cristal
> que ele executou sem rival.
>
> Sem nenhum medo, deu-se ao luxo
> de mostrar que o fazer é sujo. (p. 114)

Cabral, com insistência, irá trabalhar na formulação de uma proposta revitalizadora do poético: a incorporação da prosa como antídoto ao enfraquecimento do verso. Não se trata de fazer "poema em prosa", ou muito menos de "poetizar" o prosaico, liricizando contextos despidos do aval da velha musa. Trata-se de perceber que o prosaico não é o oposto do poético, e sim do poemático, ou seja, do conjunto de convenções retóricas sobre as quais se estabelece o consenso do que seja um poema. A injeção de prosa serve para emperrar a máquina poemática, e não para fazê-la fluir melhor. Implica uma receita de desfuncionamento, na qual o artista, desprovido do código que lhe assegurava o poemático (e, embutida nele, a pressuposição do poético), vê-se forçado a calcular e a refazer o trajeto a cada passo, tateando nas próprias intuições e sem certeza do ponto a que chegar. Para Cabral, em suma, uma vez que o poemático se arvora como "língua da poesia", o poético deve valer-se da "língua da prosa":

> E de onde [dos livros de Auden] há muito que sacar:
> como botar prosa no verso,
> como transmudá-la em poesia,
> como devolver-lhe o universo
>
> de que falou; como livrá-la
> de falar em poesia, língua
> que se estreitou na cantilena
> e é estreita de coisas e rimas.
> ("A W. H. Auden", p. 107)

"Dúvidas apócrifas de Marianne Moore" é fundamental para o entendimento da *simulação de objetividade* da obra cabralina. Esvaziar-se de si não significa forçosamente desaparecer de cena, e sim ressurgir incorporado a um outro paradoxalmente criado para atestar o desaparecimento da primeira pessoa. Para valermo-nos de terminologia da velha gramática, não há "sujeito inexistente"; há "sujeito oculto":

> Sempre evitei falar de mim,
> falar-me. Quis falar de coisas.
> Mas na seleção dessas coisas
> não haverá um falar de mim?
>
> Não haverá nesse pudor
> de falar-me uma confissão,
> uma indireta confissão,
> pelo avesso, e sempre impudor? (p. 103)

As "coisas" de que Cabral falará, nas seções 4 e 5 de *Agrestes*, consignam a presença do diplomata na África ("Do outro lado da rua"), onde, a partir de 1972, foi embaixador no Senegal, e na América hispânica ("Viver nos Andes"), tendo atuado no Equador (1979) e na Guatemala (1981). A presença andina representa, literalmente, a anexação de "outra paisagem" à geografia poética de João Cabral, exigindo, por conseqüência, um reenfoque do olhar acostumado às planuras nordestinas. Os dois blocos, formados cada um por dez poemas, atuam em regime de complementaridade opositiva: eloqüência (por vezes inócua) da África e silêncio (por vezes frutífero) dos Andes.

O título "Do outro lado da rua" implica diferença (lado oposto) e semelhança (mesma rua) — rua que parte de Pernambuco e desemboca na África. Daí a insistência em aproximações e confrontos que irão povoar os textos, mais afronordestinos do que propriamente senegaleses. A exemplo do repertório consagrado a Pernambuco, Cabral privilegia, na África, a linguagem de uma natureza bruta, vegetal ("O baobá no Senegal", "O baobá como cemitério"), mineral ("Praia ao norte de Dacar", "A água da areia"), e animal ("O Senegal *versus* a cabra").

Numa África áfona, cabe metaforicamente à natureza a sustentação de uma voz política, palavra do **não** frente à onipresença do colonizador. Assim, do baobá emana uma efusão calorosa "que vem das criadoras de raça / e das senzalas sem história" (p. 123). Bem menos positiva é a avaliação da poesia senegalesa, em suas implicações ideológicas:

A voz equivocada da África
está nos *griots* como em Senghor:
ambas se vestem de molambos,
de madapolão ou tussor,

para exclamar-se de uma África,
de uma arqueologia sem restos,
que a história branca e cabras negras
apuraram num puro deserto. (p. 128)

Pedra e ar são os pilares da quinta parte de *Agrestes:* "Viver nos Andes". Seus dez poemas, com variações, encadeiam-se em torno de um mesmo tema: a sobrevivência na montanha, apesar da atmosfera rarefeita. Mas não se esgota nessa primeira leitura o alcance da investigação cabralina; com ela convive uma outra, na linhagem da sutil politização da natureza a que assistimos na seção africana. Interessa ao poeta, agora, examinar as condições de eclosão/explosão de uma fala em região emparedada pelo silêncio. Aqui, a ambigüidade de um silêncio potencialmente *explosivo* é fornecida pela própria realidade ambiental, pois trata-se de gélida montanha que abriga um vulcão, o Chimborazo. Discurso represado na muda entranha da pedra, diverso do discurso esvaído na invertebrada fala da colonização africana.

"Viver nos Andes", em escala menor, reencena o ciclo de viagens e travessias que marcou a produção de Cabral em obras como *"O rio"* (1954) e *"Morte e vida severina"* (1956), ambas registrando o tortuoso caminhar dos retirantes sertanejos e do rio Capibaribe rumo à cidade do Recife.

Ao fim e ao cabo, a excessiva fala africana e a não-fala andina acabam nivelando-se pela ineficácia política de que ambas se revestem, ineptas, por abundância ou carência, a se expressarem no tom de um discurso *justo*.

A derradeira seção do livro, com 14 poemas sobre a morte, intitulada "A indesejada das gentes", pode ser lida à luz de texto posterior, "O exorcismo", publicado em *Crime na Calle Relator* (1989). Nele, respondendo à indagação de um médico, o poeta revela que jamais escreve sobre a própria morte ("Nunca da minha, que é pessoal,/ mas da morte social, do Nordeste"). Recolhe, então, o seguinte diagnóstico:

> Seu escrever da morte é exorcismo,
> seu discurso assim me parece:
> é o pavor da morte, da sua,
> que o faz falar da do Nordeste.

É sob essa perspectiva que o tema se desenvolve em *Agrestes*. Trata-se de contornar ou retardar a morte; de "adulá-la" no velório do outro, para que ela se esqueça de nós; de examinar sua administração — homeopática ou irrefreável; de perscrutar-lhe os vários estilos, da voluntária à acidental. Despida de qualquer aparato de transcendência, a morte anônima, que mapeia toda a seção, estampa uma sucessão de incômodos: o dos vivos, tendo de ocupar-se do corpo-resíduo; e o dos mortos, que nessa condição se "submetem" à enxurrada discursiva que sobre eles se verte. Notas de humor negro pontuam alguns textos, como "O defunto amordaçado", em que o algodão e a boca fechada funcionam como obstáculo contra eventuais mensagens do além; e "Morrer de avião", no qual a queda do aparelho é incapaz de impedir que o passageiro, *in extremis*, "goze da satisfação/ de sua última refeição" (p. 158).

Um texto, todavia, introduz nova inflexão no tratamento do tema, fugindo do discurso genérico e distanciado que o vinha caracterizando em prol de um súbito confessionalismo do sujeito lírico. Referimo-nos a "Cemitérios metropolitanos", que, a crermos no título, seria antes uma paródia à série de "cemitérios pernambucanos" que o poeta disseminou ao longo da obra. No poema de *Agrestes*, ao indagar-se sobre a morte, Cabral recorre à imagem do *esvaziar-se* para tentar chegar a uma resposta:

> Quero que seja atirar fora
> caixões de lixo da memória;
>
> que seja pôr ponto final
> ao livro que se escreve mal,
>
> sem conseguir a intensidade
> de que nos vai privando a idade. (p. 163)

O caixão, portanto, é objeto ainda ambiguamente atrelado à vida: de um lado, contém algo *que não mais é*; de outro, esta falta de ser vigora como *vestígio* do que foi — seja um corpo, seja um papel portando uma assinatura.

Se a voz da morte soava quase exclusivamente em 3ª pessoa, tal não vai ocorrer na zona fronteiriça da degenerescência. O poeta se ressente de não mais "conseguir a intensidade" necessária à criação; de forma clara ou oblíqua, eis o impasse expresso em "*A Augusto de Campos*" e "*O postigo*", textos, respectivamente, de abertura e fechamento de *Agrestes*, e que ganham relevo pela opção de João Cabral em conferir-lhes lugares-chave e extremos na arquitetura da obra. Atando as duas pontas do livro, percebemos que ambas convergem num mesmo nó: o da insatisfação/exaustão cabralina para com a poesia de que é capaz. No primeiro, confessa ao interlocutor sua tendência à repetição:

> Você aqui reencontrará
> as mesmas coisas e loisas
> que me fazem escrever
> tanto e de tão poucas coisas. (p. 27)

Não espanta que, num poeta tão atento à construção do texto, as "coisas" de que fale sejam todas de natureza formal; assim "o não-verso de oito sílabas", e "a perdida rima toante", que faz o verso *"andar pé no chão"* (p. 28). Já em *"O postigo"*, a ênfase recai não no produto, mas no produtor — ou em sua progressiva incapacidade:

> Agora aos sessenta e mais anos,
> quarenta e três de estar em livro,
> peço licença para fechar,
> com o que lestes (?), meu postigo.
>   /.../
> Aos sessenta o pulso é pesado:
> faz sentir alarmes de dentro.
> Se o queremos forçar demais
> ele nos corta o suprimento (p. 169)

O ponto de observação — o postigo — é uma das materializações do tópico de ocultação do poeta, através de um ângulo que lhe faculte ver sem interferir no que é visto. Tal retração da presença do sujeito não colide com seu projeto de retornar aos mesmos lugares — Sertão, Sevilha — para, mais que redizê-los, dizê-los na alteridade entre o que já viu e o que agora vê, transformando o que poderia configurar a prática da pura repetição em sucessivos retornos diferenciados. A aventura criadora demanda uma mobilização que não é "coisa de dicionários", pois escrever "jamais é sabido" (p. 170). O cansaço confessado em *Agrestes* não se traduziu em silenciosa demissão. Apesar dos *"alarmes de dentro"*, João Cabral ainda publicaria três livros. Sua obra, que começa a ser reconhecida para além do círculo dos leitores brasileiros, representa a (melhor) parte que nos cabe no latifúndio da produção contemporânea. Admirável pela lição de lucidez, pelo desenvolvimento radical de um projeto ético e estético, a poesia cabralina ombreia-se com o que de mais original e consistente se produziu na lírica do Ocidente na segunda metade do século XX.

Antonio Carlos Secchin

Agrestes
(1981-1985)

Where there is personal liking we go.
Where the ground is sour...

MARIANNE MOORE

A Augusto de Campos

Ao tentar passar a limpo,
refazer, dar mais decoro
ao gago em que falo em verso
e em que tanto me rechovo,
pensei que de toda a gente
que a nosso ofício ou esforço,
tão pra nada, dá-se tanto
que chega quase ao vicioso,
você, cuja vida sempre
foi fazer/catar o novo
talvez veja no defunto
coisas não mortas de todo.

Você aqui reencontrará
as mesmas coisas e loisas
que me fazem escrever
tanto e de tão poucas coisas:
o não-verso de oito sílabas
(em linha vizinha à prosa),
que raro tem oito sílabas,
pois metrifica à sua volta;
a perdida rima toante,
que apaga o verso e não soa,

*que o faz andar pé no chão
pelos aceiros da prosa.*

*Nada disso que você
construiu durante a vida;
muito aquém do ponto extremo
é a poesia oferecida
a quem pode, como a sua,
lavar-se da que existia,
levá-la à pureza extrema
em que é perdida de vista;
ela que hoje da janela
vê que na rua desfila
banda de que não faz parte,
rindo de ser sem discípula.*

*Por que é então que este livro
tão longamente é enviado
a quem faz uma poesia
de distinta liga de aço?
Envio-o ao leitor contra,
envio-o ao leitor malgrado
e intolerante, o que Pound
diz de todos o mais grato;
àquele que me sabendo
não poder ser de seu lado,
soube ler com acuidade
poetas revolucionados.*

Do Recife, de Pernambuco

A Zila Mamede

O nada que é

Um canavial tem a extensão
ante a qual todo metro é vão.

Tem o escancarado do mar,
que existe para desafiar

que números e seus afins
possam prendê-lo nos seus sins.

Ante um canavial a medida
métrica é de todo esquecida,

porque embora todo povoado
povoa-o o pleno anonimato

que dá esse efeito singular:
de um nada prenhe como o mar.

Cais do Apolo

1.
No Cais do Apolo, no Recife,
fazia-se literatura,
com muito beber de cachaça
e indiferentes prostitutas.

De dia, nenhum ia nele
e assim dele pouco sabia:
dos armazéns escancarados
onde açúcar entrava e saía,

onde barcaças, barcaceiros,
onde escritórios, escrituras:
de dia, todo do comércio,
de noite, de Rimbaud, das putas.

De noite, os lampiões amarelos
fingiam a noite européia
entrevista em filme francês
(usava-se muito "atmosfera").

2.
Agora, nenhum Cais do Apolo,
nem Cais do Brum, há que se veja.
São cais nas placas das paredes,
mas a água até eles não chega.

Antes foi cais de mar e rio
(no fundo, era um cais de maré),
hoje é cais de terra aterrada
(onde as barcaças, *chevrolets*).

Muitos arranha-céus cresceram
naquelas praias devolutas
e os computadores que trazem
dão com Rimbauds, se algum perdura.

Hoje, no que foi Cais do Apolo,
literatura não há mais:
melhor para a literatura
que sem entreluzes se faz.

O jardim de minha avó

Qualquer chácara então podia
com a necessária vacaria:

possuir um riacho privado
como se possui um cavalo;

manter touças de bananeiras
nas suas vertentes mais feias

(como as cidades, que os bordéis
plantam nas zonas de viés);

ter um jardim, com jardineiro,
para os estranhos e estrangeiros

que alguma vez aparecessem
a comparar com os que tivessem.

E ainda podia no quintal
dar-se a um jardim mais pessoal,

como o de minha avó da Jaqueira,
oculto de quem sai ou chega.

Jardins que as visitas não viam,
que poucos viam, da família,

mas que tratava com a pureza
de quem faz diário para a gaveta.

Seu Melo, do engenho Tabocas

A Mauro Mota, também seu bisneto

1.
Houve um Pau-d'Alho que já foi
e não se vê no que sobrou:
então, sobradões de azulejo
(ainda hoje ao sol) foram o sol

de muito engenho que em sua órbita
moía-se a todo o vapor,
mandando mascavado e histórias
de engenho: do sabido teor,

em que só um lado da história
como que consegue ter cor:
história sem cheiro ou mau cheiro,
por exemplo, os do suor.

2.
Histórias de engenho: de crimes
que não o que a safra atrás;
a briga inigual com as usinas
(nesse então, Engenhos Centrais);

histórias de engenho: de crimes
de escravo (unânime é o acordo);
de brigas de senhor de engenho,
de briga entre irmãos, genro e sogro;

a de um cangaceiro acoitado
sob o fraque do promotor;
de leilões de escravos, do padre
que o filho menino leiloou.

3.
Histórias de engenho: as do próprio
Cabral de Melo das Tabocas:
mais conhecida, a do francês
que foi mascatear à sua porta.

Gabou-se da filha mais velha,
que falava francês. Chamou-a:
e enquanto ela fala ao francês,
no francês de colégio ou prova,

da cara dela, fixamente,
nenhum momento ele descola:
matava o galego a pau, disse,
se do que dissesse ela cora.

4.
Pau-d'Alho então: o Tapacurá,
sua várzea, Poço, Cruz, Tabocas,
Engenho Velho e Engenho Novo,
e Tiúma, de ingleses, já polva;

por onde Seu Melo e sua boca,
melhor, Seu Melo e suas desbocas
não se ousava mandar calar,
por alto que dissesse as coisas;

Pau-d'Alho, onde ele falava alto,
do alto do vozeirão, das botas,
da boca Melo Azedo, mortal,
mais que as circunstantes pistolas.

A Roda dos Expostos da Jaqueira

1.

Era uma janela de tábuas,
dura, sem frestas, despintada.

Mas, girando-a sobre ela mesma,
ei-la côncava e todoaberta.

Colocavam o recém-nascido
naquele curvo receptivo

e davam-lhe giro contrário:
simples como passe de mágico.

Volta a janela ao natural
de seu dizer-não vertical

e inabordável todo-o-dia:
só pela noite é que ousaria

alguém tentar a operação,
a gratuita transmutação

de ali sepultar uma vida
que ninguém viu, nem a parida.

2.

Que ninguém viu: claro, nas Rodas
não podem entrar anedotas.

Mas que decerto entreveria
algum alguém que ouvisse a missa

da igreja do hospital da Roda
que criava essas vidas expostas.

A igreja, do mais pobrezinho,
não sabia altas missas, hinos:

só do coro, que em cantochão,
não o próprio, um de pés no chão,

em que cantavam a tuberculose
centenas de crianças com tosse

(Tal cantochão, mais chão que canto,
foi o cantar pernambucano

que deformou a melodia
que pudéssemos ter um dia).

As latrinas do Colégio Marista do Recife

Nos Colégios Maristas (Recife),
se a ciência parou na Escolástica,
a malvada estrutura da carne
era ensinada em todas as aulas,

com os vários creosotos morais
com que lavar gestos, olhos, língua;
à alma davam a água sanitária
que aliás nunca usavam nas latrinas.

Lavar, na teologia marista,
é coisa da alma, o corpo é do diabo;
a castidade dispensa a higiene
do corpo, e de onde ir defecá-lo.

Uma evocação do Recife

O Recife até os anos quarenta
era como os dedos da aranha

que iam cada dia mais longe;
os dedos: as linhas de bonde.

Ninguém falava de seu bairro,
mas desses dedos espalmados

que as linhas de bonde varavam
e a seu lado cristalizavam.

Mora-se na linha do Monteiro,
passado já o Caldeireiro,

depois porém da própria praça
do Monteiro, na Porta d'Água,

mas um pouco antes de Apipucos,
do açude que dá nome ao cujo.

O Recife de então se espalha
aonde o levavam suas garras,

se esgueirando entre as línguas secas
que a maré entre os dedos deixa:

mas que deixa até onde deixa:
ao onde que, ausente das letras,

está presente como mangues
de olhos de água cega, estanques,

que em pesadelo estão presentes
no sono de todo recifense.

Conversa em Londres, 1952

1.

Durante que vivia em Londres,
amigo inglês me perguntou:
concretamente o que é o Brasil,
que até se deu um Imperador?

Disse-lhe que há uma Amazônia
e outra sobrando no planalto;
todo inglês sonha essa expedição,
como nós, Parises, putastros;

que temos vizinhos invizinhos,
quanto gastamos a imaginá-los;
onde um inglês pode viver?
no Recife de antes, Rio, São Paulo;

falei do que não há de falar,
muito menos para estrangeiros,
que é o Nordeste, onde começamos
a ser Brasil (talvez por erro).

2.
Porém como a nenhum britânico
convence conversa impressionista,
pediu-me coisas para o dente:
dei-lhe somas recém-recebidas.

Dias estudou-as, e um dia:
"Posso dizer minha opinião?
O Brasil é o Império britânico
de si mesmo, e sem dispersão;

é fácil de ler nesse mapa
colônias, colônias da Coroa,
domínios e reinos unidos,
e a Londres, certo mais monstruosa,

que no Brasil não é cidade,
é região, é esponja e é fluida,
a de Minas, Rio, São Paulo
que vos arrebata até a chuva."

3.
"E o Nordeste onde está no esquema?"
"Vejamos: não é só colônia;
é uma colônia com o especial
que à colônia dá ter história;

é a colônia condecorada,
que se deve dizer 'da Coroa',
principalmente Pernambuco,
onde, pelo que me diz, toda

coisa começou; e que você
não separa do que é Nordeste
(aliás, por que estados tão grandes?
por que só dividiram estes?);

enfim, o Nordeste é uma colônia
como qualquer, só que tem título,
o 'da Coroa', que o Rei dá
aos territórios mais mendigos."

Teologia marista

1.
Nas aulas de Apologética,
que nunca apurei o que era,
depois de enredar-se em frases
que se iam pelas janelas,
o Irmão Marista, sem rumo,
dizia: as provas são estas;
se concluímos ao contrário,
é que a língua não tem setas
e para falar de Deus
este idioma não presta.
Mas que Deus existe mesmo,
mesmo se a língua se enreda,
eis um fato que diz tudo,
que é histórico e ninguém nega:
Voltaire, que negava Deus,
quando a Morte se apresenta,
bebe seu próprio urinol,
de si mesmo se envenena.

2.
Agora no *aggiornamento*,
São Voltaire, ainda sem festa,

é celebrado, muito embora
de uma maneira discreta.
Em certa data, não sei,
porque ainda está secreta
(quem quiser pode escolher
a que melhor lhe pareça,
e há para quem São Voltaire
todo dia se celebra),
na clausura dos conventos
frades em volta da mesa
bebem a urina voltairiana
como uma honesta cerveja.

Lembrança do Porto dos Cavalos

O incenso e fumos não sagrados:
o cheiro nunca dispensaram

da lama, folhas de ingazeira,
monturo e lixo, da Jaqueira.

A maré-baixa e a maré-cheia
recobrem, tiram da panela,

essa infusão que o sol destila
no meu álcool, minha bebida.

Não tem do fumo o cheiro enxuto,
cheira entre o que é vivo e o corruto,

cheira na linha da poesia:
entre o defunto e o suor de vida.

O luto no Sertão

Pelo Sertão não se tem como
não se viver sempre enlutado;
lá o luto não é de vestir,
é de nascer com, luto nato.

Sobe de dentro, tinge a pele
de um fosco fulo: é quase raça;
luto levado toda a vida
e que a vida empoeira e desgasta.

E mesmo o urubu que ali exerce,
negro tão puro noutras praças,
quando no Sertão usa a batina
negra-fouveiro, pardavasca.

Por que prenderam o "Cabeleira"

Quando me prendero
no canaviá
cada pé de cana
era um oficiá.

                                         (popular pernambucano)

Os canaviais do Engenho Novo
se limitavam com os do Poço

(por isso, com histórias herdadas
posso ambientar esta história).

Sem lembrar que o canavial é mar,
"Cabeleira" aí vem se abrigar.

Tudo era Tiúma, a bem varzeada,
largo lago de canas claras,

a que o Tapacurá aportava
as de Tabocas, Muribara,

Martinica, Cruz, Bela Rosa,
enfim, as do Poço e Califórnia.

Um dia, da Chã de Capoeira,
que ele tinha por fortaleza,

da mata do Engenho São João,
que fazia medo, hoje não,

de onde vivia, trás muralhas
de sombra, ainda mal-assombrada,

um dia, para ir ao Recife,
fazer o quê nunca se disse,

e onde, com o povo a protegê-lo,
ia sempre, useiro e vezeiro;

um dia, da Chã para as várzeas
de Tiúma, já mencionada,

que o sol ilumina e devassa
com lucidez de soda cáustica,

quis descer pelos canaviais,
onde um fantasma é incapaz,

onde a rasa planta de cana
nem pode esconder um capanga.

Não foi além do Engenho Novo,
de muita cana e pouco povo,

onde só habitava uma gente
de bagaceira e mão-na-frente,

onde nem mesmo o esconderijo,
se não do canavial, do amigo.

Fora da sombra e do sombrio
da mata São João que o vestiu,

ei-lo nu, nas várzeas de cana
que nem vestem quem as amanha.

Caça nua, entre os canaviais,
foi caçado como as preás,

caça humilde, caça menor,
que nem investe o caçador.

Um baobá no Recife

1.
Recife. Campo das Princesas.
Lá tropecei com um baobá
crescido em frente das janelas
do Governador que sempre há.

Aqui, mais feliz, pode ter
úmidos que ignora o Sahel;
dá-se em copudas folhas verdes
que dão nossas sombras de mel.

Faz de jaqueiras, cajazeiras,
se preciso, de catedral;
faz de mangueiras, faz da sombra
que adoça nosso litoral.

2.
Na parte nobre do Recife,
onde seu rebento pegou,
vive, ignorado do Recife,
de quem vai ver Governador.

Destes nenhum pensou (se o viu)
que na África ele é cemitério:
se no tronco desse baobá
enterrasse os poetas de perto,

criaria, ao alcance do ouvido,
senado sem voto e discreto:
onde o sim valesse silêncio,
e o não, sussurrar de ossos secos.

O Capibaribe e a leitura

O Capibaribe no Recife
de todos é o jornal mais livre.

Tem várias edições por dia,
tantas quanto a maré decida.

Na Jaqueira, o Capibaribe
tinha uma edição do Recife

e tinha outra do interior
(sempre quando a maré baixou).

Se não lhe devo saber ler,
devo-lhe fazer do ler ser,

o imóvel ser para a leitura
que nos faz mais enquanto dura,

esse dar-se que a paciência
de sua passada pachorrenta

impõe a quem lhe lê a gazeta
que ele dá a ler, letra a letra.

The Return of the Native

1.

Como já não poderá dar-se
a volta a casa do nativo
que acabará num chão sulino
onde muito pouco assistiu,

para fingir a volta a casa
desenrola esse carretel
que sabe é de um fio de estopa
(desenrolado, vira mel).

2.

Em quase tudo de que escreve,
como se ainda lá estivesse,
há um Pernambuco que nenhum
pernambucano reconhece.

Quando seu discurso é esse espaço
de que fala, de longe e velho,
o seu é um discurso arqueológico
que não está nem em Mário Melo.

3.
O Pernambuco de seu bolso
(que é onde vai sua idéia de céu),
como um cão no bolso, é distinto
do que vê quem que o conviveu:

é um falar em fotografia
a quem o vive no cinema;
mesmo que tudo esteja igual,
a voz tem cheiro de alfazema.

4.
Assim, é impossível de dar-se
a volta a casa do nativo.
Não acha a casa nem a rua,
e quem não morreu, dos amigos,

amadureceu noutros sóis:
não fala na mesma linguagem
e estranha que ele estranhe a esquina
em que construíram tal desastre.

A preguiça

Que relação o bicho preguiça
poderá ter com a metafísica?

No Recife, um doutor chamou-o
de psicopata catatônico,

o que fez de imediato a igreja
condenar o doutor (sua ovelha):

Deus não criaria um ser doente;
a doença é do pecadamente;

ela é do homem, que foi criado
para que existisse o pecado,

com seu error e seu terror,
como no diagnóstico do doutor.

A rede ou o que Sevilha não conhece

Há uma lembrança para o corpo,
a tua: é a de um abraço de rede,
esse abraço de corpo inteiro
de qualquer rede do Nordeste,
da rede que tua Andaluzia,
que é tão da sesta, não conhece,
e, mais que abraço, é o abraçar
de tudo o que pode estar nele;
é abraço sem fora e sem dentro,
é como vestir outra pele
que ele possui e que o possui,
uma rede nas veias, febre.

O helicóptero de Nossa Senhora do Carmo

1.
Nossa Senhora do Carmo,
no helicóptero em que vive,
padroeira dos recifenses,
seus nós nas costas, sua bile.

Nossa Senhora do Carmo,
que deixaste (permitiste?)
que fizessem estrebaria
teu Convento do Recife.

Nossa Senhora do Carmo
(de helicóptero já então),
que viste matar Caneca
sem qualquer intervenção.

Nossa Senhora do Carmo,
deixa que algum recifense
te perdoe ser sem ser nada
todo o impoder de teu dengue.

2.

Nossa Senhora do Carmo,
deram pano para as mangas
teus frades maus do Recife,
do Cabo, Olinda, Goiana.

Eram todos caldeirões
onde frios referviam
planos que até ignoravam
viciados em tais cozinhas.

Por sob as batinas anchas
chocavam teus carmelitas
ovos-em-dia: o Brasil,
que os recusou, nem registra.

No fim se viu que teu manto,
que a tais ninhos presidia,
da galinha tinha as asas,
não a febre da galinha.

3.

Nossa Senhora do Carmo,
ao menos na minha infância,
pensei que eras a madrinha
de toda espécie de lâmina.

Na Festa do Carmo, então,
paraíso das peixeiras,
se cruzavam os relâmpagos
que na história não quiseras:

das peixeiras propriamente,
da zona de que és padroeira,
às facas que são só ponta,
das securas sertanejas.

Nesse então, tu presidias
a esse maninho fermento:
brigas de rua não chegam
às fundações dos conventos.

4.
Nossa Senhora do Carmo,
podes continuar voando:
é limpo o céu do Recife,
mesmo se embaixo está inchando.

Voa, sem olhar debaixo
de onde voa o helicóptero:
o céu limpo não reflete
as inchações nem o modo.

Força o piloto a subir
o helicóptero tão alto
que o Recife vire mapa:
é um bom prazer soletrá-lo.

Que, se milagres não fazes
pelas terras desse céu,
este escritor recifense,
sem porquês, segue-te fiel.

Ainda, ou sempre, Sevilha

Conversa de sevilhana

Se vamos todos para o inferno,
e é fácil dizer quem vai antes:
nus, lado a lado nesta cama,
lá vamos primeiro que Dante.

Eu sei bem quem vai para o inferno:
primeiro, nós dois, nesses trajes
que ninguém nunca abençoou,
nós, desabençoados dos padres.

Depois de nós dois, para o inferno
vão todos os *chauffeurs* de táxi,
que embora pagos nos conduzem
de pé atrás, contra a vontade;

depois, a polícia, os porteiros,
os que estão atrás dos guichês,
quem controlando qualquer coisa
do controlado faz-se ver;

depois, irão esses que fazem
do que é controle autoridade,
os que batem com o pé no chão,
os que "sabe quem sou? não sabe?"

Enfim, quem manda vai primeiro,
vai de cabeça, vai direto:
talvez precise de sargentos
a ordem-unida que há no inferno.

Lembrando Manolete

Tourear, ou viver como expor-se;
expor a vida à louca foice

que se faz roçar pela faixa
estreita de vida, ofertada

ao touro; essa estreita cintura
que é onde o *matador* a sua

expõe ao touro, reduzindo
todo seu corpo ao que é seu cinto,

e nesse cinto toda a vida
que expõe ao touro, oferecida

para que a rompa; com o frio
ar de quem não está sobre um fio.

Bancos & catedrais

Quando de carro comigo
por Sevilha, Andaluzia,
passando por cada igreja,
recolhida, te benzias.

Pela larga Andaluzia
ninguém se engana de igreja:
amplas paredes caiadas
com portais pardos, de pedra.

Contudo, quando comigo
pela Vila de Madrid,
notei que tu te benzias
passando o que, para ti,

lembrava vulto de igreja.
O que era monumental
fazia-te imaginar:
eis mais outra catedral.

Sem querer, não te enganavas:
se não eram catedrais
eram matrizes de bancos,
o verbo de onde as filiais.

Só erravas pela metade
benzendo-te em frente a bancos;
quem sabe foram construídos
para lucrar desse engano?

Portrait of a Lady

Nunca vi nem mesmo andaluza
usar as pernas como tu usas:

têm semelhante pedestal
e a cintura viva e axial

que as deixa rodar ao redor
sem despegar os pés do andor;

sabem o girar sobre as pernas,
não fazer girar em volta delas;

não vi nenhuma ser o sol,
o centro de algum arredor,

dessa gravitação que crias
se no centro da sala ficas.

Tuas pernas, eixo de um sistema,
fazem girar ao redor delas

o que vai, vem, fala, se cala,
no sistema solar da sala.

A Giralda

Sevilha de noite: a Giralda,
iluminada, dá a lição
de sua elegância fabulosa,
de incorrigível proporção.

Os cristãos tentaram coroá-la
com peristalgias barrocas;
mas sua proporção é tão certa
que quem a contempla não pousa

nem nas verrugas do barroco
nem nas curvas quase de cólica:
quem a contempla não as vê,
são como pombas provisórias.

O mito em carne viva

A Eduardo Portella

Em certo lugar de Castela,
num dos mil museus que ela é,
ouvi uma sevilhana,
a quem pouco dizia a Fé,
ante uma Crucificação
comovida dizer
a emoção mais nua e crua,
corpo a corpo, imediata, ao pé,
sem compunção fingida,
sem perceber sequer
a névoa que a pintura
põe entre o que é e o que é:
Lo quié no habrá sufr'io e'ta mujé!

•

Eis a expressão em carne viva,
e porque viva mais ativa:
nua, sem os rituais ou as cortinas
que a linguagem traz por mais fina.
A Crucificação para ela
não era o que um pintor num tempo:
para ela era como um cinema

narrando um acontecimento,
era como a televisão
dando-o a viver no momento.

Ocorrências de uma sevilhana

Me confiava uma sevilhana
sem norte na grande Madrid:
Nem sei de que lado é que vivo;
só sei que é a três gritos daqui.

•

Nada disso. Sou muito feia,
se pusessem nas mil-pesetas
meu retrato, ninguém queria:
nem de troco as receberia.

•

Olhando passar uma velha
que dá na vista de tão suja:
"Aquela? nunca tomou banho,
mesmo debaixo de uma ducha;
se alguém a obrigar a duchar-se,
abre na ducha um guarda-chuva."

•

Num bar da Praça da Campana,
umbigo de Sevilha e da Espanha;
um não-andaluz, da calçada,
levanta-se quando ela passa:

"Qué bien dormiría contigo!"
Resposta dela, como um tiro:
"Era tudo o que tu farias?
Dormir? Terei cara de pílula?"

●

"O que é que tu pensas de Franco?"
"De que Franco? De *Don* Francisco?
Imagina a serra do Alcor,
baixinha mas toda em granito.

Nunca ele soube distinguir
quem Pepe Luís quem Manolete,
nem saber se estavam cantando
por *fandanguillo* ou *martinete*.

Quando ele vinha por Sevilha
nos faziam dançar, mas digo:
o que ele gostava é de ver
soleares dançadas por bispos."

●

Tinha próprio dicionário
e própria escada de valores,
onde o degrau mais elevado
era o que dizia *salobre*.

Infundio nele não é mentira,
coisa de frouxo fundamento:
é o falso com imaginação,
mentira talvez, mas com engenho.

Nesse dicionário as palavras
não deixam de ser entendidas,
mas têm esse desvio mínimo
que faz da língua murcha, viva.

Uma *bailadora* sevilhana

Como e por que sou *bailadora*?
Quando era entre menina e moça

tinha comprida cabeleira,
que me vinha até as cadeiras.

Me diziam: com essas tranças
não pode não votar-se à dança.

Então, me ensinam a dançar.
Sou? O que não pude decorar.

Vendo famosa *bailadora*:
ei-la apagada, quase mocha.

"Não te agrada F... de Tal,
que todo dia sai no jornal?"

"Não gosto: dança repetido;
dança sem se expor, sem perigo;

dançar *flamenco* é cada vez;
é fazer; é um faz, nunca um fez."

A luz de Sevilha

Não há uma luz sobre Sevilha,
embora sofra sol e lua;
o que há sim é uma luz interna,
luz que é de dentro, dela estua.

Luz das casas branco-caiadas,
que vem de baixo para cima,
que vem de dentro para fora
como a água de uma cacimba;

luz de dentes de luz, e vivos,
que parecem a sede da alma,
e luz que parece acender
no espaço seu andar de palma;

enfim, luz de tudo o que faz
seu estar na vida, vivê-la,
a da clara alegria interna,
de diamante extremo, de estrela.

A Antonio Mairena, *cantador de flamenco*

Existir como quem se arrisca
como nesse *cante* em que se atira:

o *cantador*, no alto do mastro
por sua voz mesma levantado,

só se tem enquanto a voz tensa,
na medida em que sempre cresça;

ele não pode qualquer falha
sem que desse mastro não caia,

desse mastro por sua voz criado,
que só pode ser no mais alto,

pois que ao descuido de um instante
cairia do alto de seu *cante*.

Anunciação de Sevilha

1.
Nunca eu vira ninguém andar
com esse passo alerta e vivo,
sabendo levar a cabeça:
andar que atinge ao desafio.

Ao conhecer-te, teu andar
anunciava o que eu não sabia:
fiquei tempos suspenso no ar,
até reencontrá-lo em Sevilha.

De quem herdaste tal andar?
É obra do Espírito Santo?
Do bom mau-passo que uma avó
se deixou dar com um cigano?

2.
Nasceste pra ser de Sevilha.
Sevilha em mapa de mulher.
Teu andar faz novas Sevilhas
das Itaperunas que houver.

Faz sem limites o pequeno,
faz na medida curta e certa
de teu corpo e do de Sevilha:
faz a alma de quem vai à festa.

De ir à festa: é como melhor
posso definir a alma armada
de ambas, que viveis para a festa
que virá do horizonte da alma.

A entrevistada disse, na entrevista:

Sou de Cádis, não de Sevilha.
Mas isso é entre nós, não o diga.

O que pode ser para alguém
não nascer em Sevilha, e quem

será capaz de confessar
que nasceu num outro lugar?

Quando a guerra civil bem quis,
voltei para onde não nasci.

Sevilha? É o mais grande do mundo,
é onde o alegre toca o profundo.

Madrid? É o lugar onde vais
dançar, mas há carros demais.

Barcelona? Dançar é em vão,
não aplaudem, sentam nas mãos.

Coitados, são de uma outra gente.
Não são? Mas querem que se pense.

Vai para Marselha? Me lembro.
A gente de lá, todo o tempo,

vai e vem, vivendo nas ruas;
não sei onde vai quando a chuva.

Viver em Pernambuco? É longe.
Aloísio falava cabonde

de plantas de cana, de açúcar;
lá tudo é doce ou são doçuras.

Mas é longe, a mais de três gritos
de Sevilha. Não vou por isso.

Pernambuco para dançar?
Bem que iria, se contrato há.

A gente de lá, que vi aqui,
diz que tem um Guadalquivir.

Como é mesmo? Capibaribe?
E a capital como é? O Recife?

Por lá passou muito cigano?
Então por que os pernambucanos

sabem habitar tão de dentro
nossa alma extrema, do *flamenco*?

España en el corazón

1.

A Espanha é uma coisa de tripa.
Por que "Espanha no coração"?
Por essa víscera é que vieram
São Franco e o séquito de Sãos.

A Espanha é uma coisa de tripa.
O coração é só uma parte
da tripa que faz o espanhol:
é a que bate o alerta e o alarme.

2.

A Espanha é uma coisa de tripa,
do que mais abaixo do estômago;
a Espanha está nessa cintura
que o toureiro oferece ao touro,

e que é de donde o andaluz sabe
fazer subir seu cantar tenso,
a expressão, explosão, de tudo
que se faz na beira do extremo.

3.

De tripas fundas, das de abaixo
do que se chama o baixo-ventre,
que põem os homens de pé,
e o espanhol especialmente.

Dessa tripa de mais abaixo
como escrever sem palavrão?
A Espanha é coisa dessa tripa
(digo alto ou baixo?), de colhão.

4.

A Espanha é coisa de colhão,
o que o pouco ibérico Neruda
não entendeu, pois preferiu
coração, sentimental e puta.

A Espanha não teme essa tripa;
dela é a linguagem que ela quer,
toda Espanha (não sei é como
chamar o colhão da mulher).

Por um monumento no Pumarejo

Popular não é um bairro,
tento falar de Sevilha,
popular é onde os viveiros
que a guardam e refabricam.
O mais vivo, o Pumarejo,
é a praça tão inturística,
que quem de fora não sabe,
mas sabe a aristocracia:
lá ela vem refazer
cada dois dias a língua,
refazer-se das Madrids,
refazer-se a Andaluzia.

Nesse popular nasceste,
Trini Espanha (e de Sevilha),
a dois pés do Pumarejo,
de sua cal branca poluída,
onde o turista não vai,
nem gosta de ir a polícia,
porém vai quem que se sabe
pernambucano em Sevilha.
Na praça do Pumarejo,
entre cariadas caliças,

monumento Trini Espanha
se deve toda Sevilha.

Não um monumento dela,
que em mármore mostraria
no centro do Pumarejo
seu vulcão por *siguiriyas*
(se alguém o fizesse em pedra,
boas risadas darias:
"Mira, enterrada de pé,
cortada em fotografia,
num branco mais desbotado
que o de Filha de Maria
ou das filhas de Pelunga
que está por Santa Maria").

Nunca um monumento dela
no Pumarejo eu poria!
sim, monumento para ela,
que dela não falaria,
porém que a fizesse rir,
nas suas idas ou vindas,
sua risada popular,
de alma e dentadura limpa.
Qual seria o monumento?
Simples: muro eu caiaria
onde quem do Pumarejo
grafasse o *salado* do dia.

Linguagens alheias

A Marly de Oliveira

Homenagem a Paul Klee

Nele houve o insano projeto
de envelhecer sem rotina;
e ele o viveu, despelando-se
de toda pele que o tinha.

Sem medo, lavava as mãos
do que até então vinha sendo:
de noite, saltava os muros,
saía a novos serenos.

Ao Reverendo George Crabbe

1.
Escrever como em prateleiras,
paralelas, claras, perfeitas;

em que cada coisa se veja
posta em rigorosa fileira,

nitidamente e recortadas,
com suas faces bem desenhadas;

onde não haja o mal-entendido
que se extravasa do vizinho

e cria a frouxa intimidade,
esse recíproco anular-se

de todas, no discurso vão,
na fala por aproximação.

2.
Não se espere dele sermão
nem poética, sua lição

se há de aprender nessa maneira
de escrever como em prateleiras,

deixando cada coisa livre
na prateleira em que ela existe,

em que está em si mesma, viva,
e ao mesmo tempo escrita, inscrita.

Não foi bom pastor, creio eu,
quem, sem as sintaxes do céu,

mostrou a vida em tábuas de mesa
(não nas da lei), em prateleiras.

A Camilo Castelo Branco

Se num mesmo nível de tempo
tivéssemos coexistido,
eu sentiria a antipatia
que te tiveram teus amigos.

De perto, eu só veria o mau
caráter, marcas de bexiga,
o personagem de mau hálito
com que construíste tua vida.

(Com que construíste ou foste tu
o construído por sua vida?
É fácil condenar uma vida
de fora, sem ter que vesti-la:

como saber se aquela vida
foi camisa apertada e curta
e viver dentro dela, sempre,
foi a luta contra as costuras?)

Caricatura de Henry James

O romancista solteirona
pergunta a uma outra matrona:

como comportar-se na mesa,
como comportar-se na igreja,

como comportar-se na estreita,
e de mil tons, moral inglesa,

ele, bem-criada nova-iorquina
a quem o que é América irrita.

Como se há de estar nessas salas,
onde não vai, mas de que fala,

como viver naquela vida:
qual seria a melhor cartilha

para ser aceito, como igual,
nesse labirinto moral

que ele já borda, com o cuidado
que a matrona põe no bordado.

Murilo Mendes e os rios

Murilo Mendes, cada vez
que de carro cruzava um rio,
com a mão longa, episcopal,
e com certo sorriso ambíguo,

reverente, tirava o chapéu
e entredizia na voz surda:
Guadalete (ou que rio fosse),
o Paraibuna *te saluda*.

Nunca perguntei onde a linha
entre o de sério e de ironia
do ritual: eu ria amarelo,
como se pode rir na missa.

Explicação daquele rito,
vinte anos depois, aqui tento:
nos rios, cortejava o Rio,
o que, sem lembrar, temos dentro.

Ouvindo em disco Marianne Moore

Ela desvestiu a poesia,
como se desveste uma roupa,
das verticais, do falar alto,
menos de quem prega, apregoa,
de quem esquece o microfone
que tem a dois palmos da boca,
porque falando alto imagina
que a emoção sobreexposta é a boa.
Em disco, a voz desconhecida,
que nunca berra nem cantoa,
da voz fria do poema impresso
em nenhum momento destoa.

Visita a São Miguel de Seide

Embora eu venha tão depois,
nesta casa-museu de Seide
(serão os fantasmas de esponja?)
senti quanto teu ser-em-sede.

(Tua casa está bem penteada,
como nunca a viste vivendo;
talvez não a conhecerias:
sobreviveu a dois incêndios.

Primeiro o teu, particular,
em que te ateavas, matinal;
depois, o que sofreu, depois
que tu morreste; foi casual?)

Ser-em-sede, ser de suicida,
ou de quem tenta não matar-se;
em nenhum lugar demoravas
e de Seide quanto viajaste.

Todo suicida mata tudo
como fizeste em teus romances
e na vida de capa e espada
que viveste, à beira do Lance.

Ficaste cego? Foi a última
gota de água desse suicida,
que matando-se deu à fala,
com os mesmos metais, outra liga.

O poeta Thomas Hardy fala

Não é por não ter o ouvido músico:
de jovem, fui flautista em meu burgo.

É porque quero que escrevo o verso
que a vosso ouvido soa de ferro,

que é como tábua cheia de nós
que não podem desbastar enxós;

que é tão duro para vosso dente
que pensais mastigar outros dentes.

Apesar da idade, que faz fluente,
nunca usei, peristalticamente,

o escorrer liso da melodia
que é o que se chama e pede à poesia.

Nunca quis o verso celebrante,
no mundo não vejo o que se cante:

quis verso que até nos tropeções
mostrasse o absurdo e seus mil tons.

Dúvidas apócrifas de Marianne Moore

Sempre evitei falar de mim,
falar-me. Quis falar de coisas.
Mas na seleção dessas coisas
não haverá um falar de mim?

Não haverá nesse pudor
de falar-me uma confissão,
uma indireta confissão,
pelo avesso, e sempre impudor?

A coisa de que se falar
até onde está pura ou impura?
Ou sempre se impõe, mesmo
impuramente, a quem dela quer falar?

Como saber, se há tanta coisa
de que falar ou não falar?
E se o evitá-la, o não falar,
é forma de falar da coisa?

A poesia de William Empson

Na poesia dele não se habita.
Lava-se de ti, com água fria.

Não é uma estrada que se percorre.
Não é a luz na mata, que socorre.

Ela te evita, é de pé atrás.
Mas te dá a insônia de que és capaz.

O ceramista

A Francisco Brennand

Fechar na mão fechada do ovo
a chama em chamas desateada
em que ele fogo se desateia
e o ovo ou forno tem domadas

    então

prender o barro brando no ovo
de não sei quantas mil atmosferas
que o faça fundir no útero fundo
que devolve a terra à pedra que era.

Falar com coisas

As coisas, por detrás de nós,
exigem: falemos com elas,
mesmo quando nosso discurso
não consiga ser falar delas.
Dizem: falar sem coisas é
comprar o que seja sem moeda:
é sem fundos, falar com cheques,
em líquida, informe diarréia.

A W. H. Auden

Já não descontarei o cheque
que certo dia me mandaste:
"A João Cabral de Melo Neto,
com dez mil amizades, Auden."

Como a morte encerrou tuas contas
de libras, dólares, amizade,
hoje só resta a conta aberta
de teus livros de onde sacar-se.

E de onde há muito que sacar:
como botar prosa no verso,
como transmudá-la em poesia,
como devolver-lhe o universo

de que falou; como livrá-la
de falar em poesia, língua
que se estreitou na cantilena
e é estreita de coisas e rimas.

Denton Welch

Escreveu na prosa qualquer,
sem truques, bossas, sem sequer.

Porém tão de novo escrevia
a coisa gasta que ele via,

que estava nítida em si mesma,
ou noutra, virgem, atmosfera.

Cada coisa de que escrevia
criada no instante parecia,

e porque recente e tão viva,
coisa que chega de mãos limpas,

impressa no instante preciso
do pão fresco daquele livro.

A um livro chamou *Maiden Voyage,*
em português, primeira viagem,

que é a peripécia de falar,
em língua virgem, no inglês que há.

Diante da folha branca

Tanta lucidez dá vertigem. *Van Gogh*
Faz perder pé na realidade.
Perder pé dentro de si mesmo,
sem contrapé, é uma voragem.

Diante da folha branca e virgem,
na mesa, e de todo ofertada,
com medo de que ela o sorvesse,
ei-lo, como louco, a estuprá-la.

•

A folha branca é a tradução *Mallarmé*
mais aproximada do nada.
Por que romper essa pureza
com palavra não milpesada?

A folha branca não aceita
senão a que acha que a merece:
essa só sobrevive ao fogo
desse branco que é gelo e febre.

De um jogador brasileiro a um técnico espanhol

Não é a bola alguma carta
que se levar de casa em casa:

é antes telegrama que vai
de onde o atiram ao onde cai.

Parado, o brasileiro a faz
ir onde há-de, sem leva e traz;

com aritméticas de circo
ele a faz ir onde é preciso;

em telegrama, que é sem tempo,
ele a faz ir ao mais extremo.

Não corre: ele sabe que a bola,
telegrama, mais que corre, voa.

A literatura como turismo

Certos autores são capazes
de criar o espaço onde se pode
habitar muitas horas boas:
um espaço-tempo, como o bosque.

Onde se ir nos fins de semana,
de férias, até de aposentar-se:
de tudo há nas casas de campo
de Camilo, Zé Lins, Proust, Hardy.

A linha entre ler conviver
se dissolve como em milagre;
não nos dão seus municípios,
mas outra nacionalidade,

até o ponto em que ler ser lido
é já impossível de mapear-se:
se lê ou se habita Alberti?
se habita ou soletra Cádis?

Homenagem renovada a Marianne Moore

Cruzando desertos de frio
que a pouca poesia não ousa,
chegou ao extremo da poesia
quem caminhou, no verso, em prosa.
E então mostrou, sem pregação,
com a razão de sua obra pouca,
que a poesia não é de dentro,
que é como casa, que é de fora;
que embora se viva de dentro
se há de construir, que é uma coisa
que quem faz faz para fazer-se
— muleta para a perna coxa.

Díptico: José Américo de Almeida

1.

Muito marcou o adolescente *A bagaceira*
o que pareceu tua desarte,
vendo em livro o que tinha ouvido,
bem antes de ouvir dos Andrades.

Marcou-o, mostrando que escrever
é antes de mais nada a aventura
de tratar com a linguagem tudo
que receia a castiça e eunuca.

•

2.

Brindo ao mestre de nós todos *Brinde nos*
vindos de certo Brasil *noventa*
onde o Brasil é mais pobre, *anos*
não é futuro nem mil:

aos noventa anos chegaste
fiel ao ser-dizer duro:
sem que se faça um presente,
não pode haver um futuro.

Debruçado sobre os *Cadernos* de Paul Valéry

Quem que poderia a coragem
de viver em frente da imagem

do que faz, enquanto se faz,
antes da forma, que a refaz?

Assistir nosso pensamento
a nossos olhos se fazendo,

assistir ao sujo e ao difuso
com que se faz, e é reto e é curvo.

Só sei de alguém que tenha tido
a coragem de se ter visto

nesse momento em que só poucos
são capazes de ver-se, loucos

de tudo o que pode a linguagem:
Valéry — que em sua obra, à margem,

revela os tortuosos caminhos
que, partindo do mais mesquinho,

vão dar ao perfeito cristal
que ele executou sem rival.

Sem nenhum medo, deu-se ao luxo
de mostrar que o fazer é sujo.

Contam de Clarice Lispector

Um dia, Clarice Lispector
intercambiava com amigos
dez mil anedotas de morte,
e do que tem de sério e circo.

Nisso, chegam outros amigos,
vindos do último futebol,
comentando o jogo, recontando-o,
refazendo-o, de gol a gol.

Quando o futebol esmorece,
abre a boca um silêncio enorme
e ouve-se a voz de Clarice:
Vamos voltar a falar na morte?

O último poema

Não sei quem me manda a poesia
nem se Quem disso a chamaria.

Mas quem quer que seja, quem for
esse Quem (eu mesmo, meu suor?),

seja mulher, paisagem ou o não
de que há que preencher os vãos,

fazer, por exemplo, a muleta
que faz andar minha alma esquerda,

ao Quem que se dá à inglória pena
peço: que meu último poema

mande-o ainda em poema perverso,
de antilira, feito em antiverso.

Sobre Elizabeth Bishop

Quem falar como ela falou
levará a lente especial:
não agranda e nem diminui,
essa lente filtra o essencial

que todos vemos mas não vemos
até o chegar a falar dele:
o essencial que filtra está vivo
e inquieto como qualquer peixe.

Não se sabe é a sábia receita
que faz sua palavra essencial
conservar aceso num livro
o aço do peixe inaugural.

Um piolho de Rui Barbosa

Certo piolho de Rui Barbosa
confiou a um memorialista
que se nascer pernambucano
é nascer ninguém, é sem chispa.

E explicou: a paisagem pouca
de Pernambuco não podia
parir vulcões de Ruibarbosas,
Castroalves (modesto, ele se excluía).

O piolho, decerto, ouviu Rui
(Castroalves não viu, talvez leu-o,
em casa, mas com o dó-de-peito
com que o leria de um coreto);

mas quem ouviu quem não ouviu:
veio de tais piolhos grotescos
o único estilo nacional:
ler como discurso um soneto;

não poder escrever sem fala;
e falar sem encher o peito,
como se o rádio não o levasse
às amazônias de seu berço.

Ora, Rui falava apagado,
nas horizontais que podia:
são os piolhos que em seu piano
põem vulcões na melodia.

Do outro lado da rua

O baobá no Senegal

É a grande árvore maternal,
de corpulência de matrona,
de dar sombra embora incapaz
(pois o ano todo vai sem folhas):
pela bacia de matriarca,
pelas portinarianas coxas,
pela umidade que sugere
sua carnadura (aliás seca e oca),
vem dela um convite de abraço,
vem dela a efusão calorosa
que vem das criadoras de raça
e das senzalas sem história.

Lembrança do Mali

Os tuaregues do Saara
são azuis por vestir de anil:
o azul infiltra-se na pele,
mas não vai mais fundo dali.

Esse azul, certo, dá-lhes a água
para as semanas sem beber,
que o azul afinal é a cor
em que a água mais dá-se a ver.

O anil não vai além da pele:
não vai ao fundo onde as navalhas,
à ossada seca de que vivem,
nem aos serrotes com que falam.

O baobá como cemitério

Pelo inteiro Senegal,
o túmulo dos *griots,*
misto de poeta, lacaio
e alugado historiador,
se cava no tronco obeso
de um baobá do arredor:
ele é a só urna capaz,
com seu maternal langor,
de adoçar o hálito ruim,
todo o vinagre e amargor
que, debaixo da lisonja,
tem a saliva do cantor.

Na Guiné

Conacri dá de volta
Piedade, Pina, Olinda,
praia onde se fala
a língua desta brisa.

Se o que ela diz me escapa,
seu ritmo, seu acento
são esses com que falo
o português brasilento.

O que não reencontro
no mar de igual sotaque
é o horizonte aberto,
nordestino, sem chaves:

aqui as ilhas de Los,
dragões fingindo de ilhas,
fecham-no a quem no mar
queira espraiar-se a cisma.

Praia ao norte de Dacar

O que é mais agoniante
nas Niayes desnudas
é que a savana calva
e o mar que a continua
convivam, cama e mesa,
suas vidas viúvas,
sem que canaviais,
coqueirais, capim-lucas,
ou as matas cajueiras
das praias pernambucas,
tracem nítido aceiro
entre essas camas murchas
e impeçam de algum jeito
essa cópula eunuca,
esse coito lesbiano
entre a savana muda
e a outra, a de água mar,
savana tartamuda.

África & poesia

A voz equivocada da África
está nos *griots* como em Senghor:
ambas se vestem de molambos,
de madapolão ou tussor,

para exclamar-se de uma África,
de uma arqueologia sem restos,
que a história branca e cabras negras
apuraram num puro deserto.

Quem viveu dela e a destruiu
foi expulso, mas está na sala;
para que se vá de uma vez,
tem de ser de não, toda fala.

Não do sim que seus poetas falam,
e que era bom para o ex-patrão:
ainda escrever vale cantar,
cantar vale celebração.

A água da areia

Podem a ablução os muçulmanos
com areia, se não têm água;
fazem da areia um outro líquido,
eficaz igual no que lava.

A areia pode lavar neles
qualquer espécie de pecado;
na ablução ela flui como a água,
dissolve o mal mais empedrado.

O Senegal *versus* a cabra

Está ameaçado pelo Sahel,
que é ameaçado pelo Saara,
que cada ano avança a savana
de perto de seiscentas braças.

Profundos exportam a idéia
de que todo o mal vem da cabra,
que avança o Saara, que avança
levado da cabra e seus mapas,

o que vale pensar que os peixes
são a espoleta das marés.
Mas penso: não seria a cabra
conduzida? ela a capaz do até,

do até último? desse até onde
onde só a cabra sobrevive?
e que por sobreviver a esse onde
é como se ela o conduzisse?

Em missão, de Dacar a Bissau

O avião-táxi me apeia em Bissau,
vindo de ambíguo mar-areia.
Apeio; já nado o ar Recife;
súbito, a gota de uma igreja!

Igreja mais extraordinária:
do fio insosso das modernas,
rente à avenida, salva-a porém
a praça que a espaldas dela.

Ali reencontrei a alma úmida
das casas de porta e janela,
de um tijolo amadurecido
à sombra-poço de mangueiras.

Os cajueiros da Guiné-Bissau

São plantados em pelotões.
Desfilam para a autoridade
que os fez plantar; são em parada,
sem o nordestino à vontade.

Os cajueiros são anarquistas,
nenhuma lei rege seus galhos
(o de Pirangi, de Natal,
é horizontal, cresceu deitado).

Como vão hoje esses cajueiros
que do seu Nordeste irredento
Salazar recrutou para a África?
Já podem dar seu mau exemplo?

Viver nos Andes

No Páramo

No Páramo, passada Riobamba,
a quatro mil metros de altura,
a geografia do Chimborazo
entra em coma: está surda e muda.
A grama não é grama, é musgo;
e a luz é de lã, não de agulha:
é a luz pálida, sonolenta,
de um sol roncolho, quase lua.

O corredor de vulcões

Dá-se que um homem pouco vulcânico
habita o "Corredor dos Vulcões";
passeia entre eles, na Cordilheira,
como vaqueiro por entre os bois.

De cada lado do "Corredor"
estão deitados; morta é a oração,
é o vociferar, o deslavar-se;
hoje não são oradores, não.

Hoje são mansas fotografias,
aprenderam a ser sem berrar-se;
o tempo ensinou-lhes o silêncio,
a geometria do Cotopaxi,

que até minha janela de Quito,
com seu cone perfeito e de neve,
vem lembrar-me que a boa eloqüência
é a de falar forte mas sem febre.

O índio da Cordilheira

O índio anda sempre correndo,
como se fugisse do fogo;
mas, se não faz parar o carro,
não está à procura de socorro.
Quem sabe, anda sempre correndo
para fugir do alto colosso
e descer para as poças de ar
que não pode levar no bolso.

Afogado nos Andes

1.
No ar rarefeito como a vida
vai a vida do índio formiga.

A esta altura, o oxigênio raro
faz pelo avesso outro afogado.

Quem se afoga nele ou por falta
dele, é igual a boca angustiada:

os afogados submarinos
têm os gestos dos sobreandinos,

sempre que possam expressar,
com a boca ou as mãos, a falta de ar

de onde demorar não se pode:
onde a visita é a de quem foge.

2.
Era do Recife esse afogando,
do ar espesso da beira-oceano,

para quem também respirar
é outra maneira de caçar:

não é um pássaro-oxigênio
que caça, é um pássaro denso,

e, muito mais do que caçar,
cabe dizer desentranhar,

que é retirar o ar das entranhas
dessa atmosfera que nos banha,

como quem no armazém de açúcar
vive no ar viscoso de fruta.

O trono da ovelha

Nos altos pés do Chimborazo
vejo a descomunal ovelha
que ele é, imóvel e deitada,
da qual cortaram a cabeça.
O cadáver (será escultura?)
daquela pacífica besta
preside, de alto pedestal,
o não da circunstância erma.

Um sono sem frestas

Nas províncias do Chimborazo
é a terra morta: se dormida,
dorme o sono de vez dos mortos
em suas celas de cantaria.
É o sono imóvel e compacto
que se dorme na anestesia,
que, por ser sem chaves, sem frestas,
perdeu o discurso de Bolívar.

Uma enorme rês deitada

Quando te viajei tão de perto
nada vi em ti, Chimborazo,
que ensine o falar dó-de-peito,
pré-microfones, deputado.

Assim de perto parecias
uma rês enorme e sem cabeça,
só capaz de ensinar silêncio
ou sono, o de que já cabeça.

Tão sem discurso como a pedra
é tua monstruosa ovelha,
que para remoer o silêncio
no mais alto dos Andes deita.

Cemitério na Cordilheira

Os cemitérios não têm muros,
e as tumbas sem ter quem as ordene
foram como que surpreendidas
ao arrumar-se, e de repente.
Pela Cordilheira, os carneiros
são carneiros, literalmente,
se espalham soltos, sem pastor,
sem geometrias, como a gente.

O ritmo do Chimborazo

A imensa espera da montanha:
por que ver nela algum sentido?
É só espera: o viver suspenso
de que apodreça o prometido.
A imensa espera da montanha
tem a paciência da de bicho;
é como a do homem que se empoça
na espera, e dela faz seu vício.

O Chimborazo como tribuna

É estranho como esta montanha
não deixe que nem mesmo o vento
possa cantar nos órgãos dela
ou fazer silvar seu silêncio.
Talvez seja mesmo a tribuna
que mandou reservar o tempo
para um Bolívar que condene
quem fecha a América ao fermento.

A "Indesejada das Gentes"

Conselhos do Conselheiro

1.
Temer quedas sobremaneira
(não as do abismo, da banheira).

Andar como num chão minado,
que se desmina, passo a passo.

Gestos há muito praticados
melhor sejam ressoletrados.

2.
A coisa mais familiar
já pode ser o patamar

onde um corredor conhecido,
que se caminha ainda tranqüilo,

leva a uma certa camarinha
que ninguém disse o que continha.

3.
Uma porta qualquer que se abre
só ao fechá-la é que se sabe

que não foi afinal a porta
que só abre do lado de fora:

embora como porta se abra,
é só de um lado sua bisagra.

4.
De cada cama em que se sobe
se descerá? É que se pode?

E cada cama em que se deita
não será acaso a derradeira,

que tem tudo de cama, quase:
menos a tampa em que fechar-se.

O defunto amordaçado

O homem não morre mineral.
Morto e sem gestos que ele esteja,
logo põe-se a exportar a morte:
mal a tem, mas já a mercadeja.

Por isso é que amarram-lhe a boca,
tapam-lhe de algodão as narinas:
não querem que se expresse em sânie
o sermão que hoje poderia:

o talvez que achou? não achou?
quem sabe? ao final do percurso:
negam-lhe a antena do mau cheiro
por que diria seu discurso.

As astúcias da morte

Há o morrer em lâmina fina
do fuzilado ou em guilhotina

e um morrer que se desmerece,
morrer de cama, isto é, morrer-se.

A votar, quem não votaria
no primeiro, em sua faca fria?

Mas quem que caiu na água morna
da morte de cama, langorosa,

se lembra que votou num dia
na morte em metal, expedita?

Dentro da água morna, remansa,
de banheira, mas que é da cama,

ninguém pensa que vai morrer
onde viu tantos sóis nascer

(na cama ambígua o levantar-se
pesa mais forte que um cadáver:

ninguém pensa morrer nem crê
que já começa a apodrecer,

nem que o bafo em que se resolve
é já o mau hálito da morte).

A morte dos outros

A morte alheia tem anedota
que prende o morto ao dia-a-dia,
que ainda o obriga a estar conosco:
já morto, ainda aniversaria.

Só que não vamos pelo morto:
queremos ver a companheira,
a mulher com que agora vive;
comprá-la, de alguma maneira.

Dizer-lhe: do marido de hoje
mais do que amigos fomos manos;
para que, amiga, salte um nome
de seu preciso livro *Quandos*.

Como a morte se infiltra

Certo dia, não se levanta,
porque quer demorar na cama.

No outro dia ele diz por quê:
é porque lhe dói algum pé.

No outro dia o que dói é a perna,
e nem pode apoiar-se nela.

Dia a dia lhe cresce um não,
um enrodilhar-se de cão.

Dia a dia ele aprende o jeito
em que menos lhe pesa o leito.

Um dia faz fechar as janelas:
dói-lhe o dia lá fora delas.

Há um dia em que não se levanta:
deixa-o para a outra semana,

outra semana sempre adiada,
que ele não vê por que apressá-la.

Um dia passou vinte e quatro horas
incurioso do que é de fora.

Outro dia já não distinguiu
noite e dia, tudo é vazio.

Um dia, pensou: respirar,
eis um esforço que se evitar.

Quem deixou-o, a respiração?
Muda de cama. Eis seu caixão.

A cama e um automóvel

Morrer é andar de automóvel:
tem todas as marchas, tem breques,
e o motor que vai mansamente
pode que sem mais se acelere

para cumprir o diagnóstico
de algum doutor acelerado
que previu a morte a tal hora,
ela, que se é certa é sem prazo.

Se demora, a morte é a viagem
de automóvel liso na estrada:
a cama do doente é o automóvel:
viaja sem chegar, sem mapas.

Morrer de avião

Morrer de morte de avião,
muito embora a sem-razão,

estaria muito bem
se a morte a tanto alguém

tratasse com a faca fina
ou a demão da guilhotina,

que é limpa e vai de repente,
tão viva quanto a gilete.

Mas ela nunca diz nada,
nem lê a sentença que mata;

quer que cada passageiro
sinta morrer-se no leito.

Por isso obriga o avião
a certo voar de gavião,

a voar círculos de vida,
disfarçando sua caída,

demorando-a até o mais lento
para que quem vai lá dentro

goze da satisfação
de sua última refeição.

Direito à morte

Viver é poder ter consigo
certo passaporte no bolso
que dá direito a sair dela,
com bala ou veneno moroso.

Ele faz legal o que quer
sem policiais e sem lamentos:
fechar a vida como porta
contra um fulano ou contra o vento;

fazer, num dia que foi posto
na mesa em toalha de linho,
fazer de seu vivo esse morto,
de um golpe, ou gole, do mais limpo.

O ovo podre

Por que a expressão do que não houve
não chega à força do ovo podre?

Há muitos podres pelo mundo,
muitos decerto mais imundos.

O podre do ovo está contido
para a maioria dos sentidos

e à vista não há diferença
entre sua saúde e sua doença.

Por que é que o ovo podre, então,
parece pesar mais na mão?

Será que pesa mais o real
quando em defunto, em pantanal?

A travessia do Atlântico

A dez mil metros de altura
vai o homem no seu avião.
Sabe que vai mas não sabe
se vai de avião ou caixão.

Não tem medo. É como um trilho
o tubo vertiginoso,
o projétil disparado
que o leva dentro do bojo.

Nada há em volta que marque
que vai, que vai num veículo;
não sente percorrer nada,
vai, tempo e espaço abolidos.

É natural que não saiba
se vai de avião ou caixão:
livre do tempo e do espaço,
vai no imóvel que não dão.

Cemitérios metropolitanos

1.
É a morte o sutil apagar
da vela na mão, morta já?

Morrer é em gelo ou em fogo?
E se ao ar-livre é só um sufoco?

Morrer não é valentemente
cruzar um fio pela frente?

2.
Quero que seja atirar fora
caixões de lixo da memória;

que seja pôr ponto final
ao livro que se escreve mal,

sem conseguir a intensidade
de que nos vai privando a idade.

3.
Já cansado de falar, penso:
por que medo desse silêncio?

Por que tanto eu me temeria
que o não-ser não diga bom-dia,

se me deixa, morto ou desperto,
sem gente falando por perto?

4.
É porque a morte nos sepulta,
sem perguntar, à força bruta,

nas organizações urbanas
traçadas em copacabanas,

de onde o vivo volta sedento
e o morto é a fresta no cimento.

Os vizinhos

Muito cuidado com os vizinhos
e mais com o que quer ser teu íntimo.

A morte usa muito o vizinho,
mais, o prestativo e o bonzinho.

Ao cruzá-lo no elevador,
cruzá-lo como um cobrador,

sem bons-dias, sem boas-tardes,
como se pedras se cruzassem.

Do vizinho que diz bom-dia
nenhum boa-morte ouvirias,

que os votos dele ou da vizinha
estarão mais aquém da linha.

Questão de pontuação

Todo mundo aceita que ao homem
cabe pontuar a própria vida:
que viva em ponto de exclamação
(dizem: tem alma dionisíaca);

viva em ponto de interrogação
(foi filosofia, ora é poesia);
viva equilibrando-se entre vírgulas
e sem pontuação (na política);

o homem só não aceita do homem
que use a só pontuação fatal:
que use, na frase que ele vive
o inevitável ponto final.

Sujam o suicídio

O pior que existe no suicídio,
por limpo que seja, ou de tiro;

ou o suicídio por barbitúricos,
em que a dormir se cruza o muro;

pior que o incômodo resíduo
que se há de tratar como um vivo,

que há de lavar, barbear, pentear,
para a viagem que empreenderá;

o pior que há nele é o palavrório
que enreda o caixão e o velório

na oral, tropical, floração
que saliva a nossa nação.

Na verdade, onde mais o medo
é falador é nos enterros.

No enterro, falam mesmo os mudos,
e, se de suicida, falam duplo.

Ninguém deixa a mínima brecha
para a morte-Rilke, a da Igreja

e de outros que fazem da Porta
uma celebração deleitosa.

O Padre sabe: não há fresta
onde a transcendência ele meta

no falatório, mato fechado
que nem pode abrir-se a machado

(Enquanto isso, pensa? o cadáver:
maçada! não pude evaporar-me;

enfim: não se vende em balcão,
ainda, o suicidar-se de avião).

O postigo

A Theodemiro Tostes,
confrade,
colega, amigo

1.
Agora aos sessenta e mais anos,
quarenta e três de estar em livro,
peço licença para fechar,
com o que lestes(?), meu postigo.

Não há nisso nada de hostil:
poucos foram tão bem tratados
como o escritor dessas plaquetes
que se escreviam sem mercado.

Também, ao fechar o postigo,
não privo de nada ninguém:
não vejo fila em minha frente,
não o estou fechando contra alguém.

2.

*O que acontece é que escrever
é ofício dos menos tranqüilos:
se pode aprender a escrever,
mas não a escrever certo livro.*

*Escrever jamais é sabido;
o que se escreve tem caminhos;
escrever é sempre estrear-se
e já não serve o antigo ancinho.*

*Escrever é sempre o inocente
escrever do primeiro livro.
Quem pode usar da experiência
numa recaída de tifo?*

3.

*Aos sessenta, o pulso é pesado:
faz sentir alarmes de dentro.
Se o queremos forçar demais,
ele nos corta o suprimento*

*de ar, de tudo, e até da coragem
para enfrentar o esforço intenso
de escrever, que entretanto lembra
o de dona bordando um lenço.*

*Aos sessenta, o escritor adota,
para defender-se, saídas:
ou o mudo medo de escrever
ou o escrever como se mija.*

4.
*Voltaria a abrir o postigo,
não a pedido do mercado,
se escrever não fosse de nervos,
fosse coisa de dicionários.*

*Viver nervos não é higiene
para quem já entrado em anos:
quem vive nesse território
só pensa em conquistar os quandos:*

*o tempo para ele é uma vela
que decerto algum subversivo
acendeu pelas duas pontas,
e se acaba em duplo pavio.*

APÊNDICES

Cronologia

1920 – Filho de Luiz Antônio Cabral de Melo e de Carmem Carneiro-Leão Cabral de Melo, nasce, no Recife, João Cabral de Melo Neto.

1930 – Depois de passar a infância nos municípios de São Lourenço da Mata e Moreno, volta para o Recife.

1935 – Obtém destaque no time juvenil de futebol do Santa Cruz Futebol Clube. Logo, porém, abandona a carreira de atleta.

1942 – Em edição particular, publica seu primeiro livro, *Pedra do sono*.

1945 – Publica *O engenheiro*. No mesmo ano, ingressa no Itamaraty.

1947 – Muda-se, a serviço do Itamaraty, para Barcelona, lugar decisivo para a sua obra. Compra uma tipografia manual e imprime, desde então, textos de autores brasileiros e espanhóis. Nesse mesmo ano trava contato com os espanhóis Joan Brossa e Antoni Tàpies.

1950 – Publica *O cão sem plumas*. Em Barcelona, as Editions de l'Oc publicam o ensaio *Joan Miró*, com gravuras originais do pintor. O Itamaraty o transfere para Londres.

1952 – Sai no Brasil, em edição dos *Cadernos de cultura do MEC*, o ensaio *Joan Miró*. É acusado de subversão e retorna ao Brasil.

1953 – O inquérito é arquivado.

1954 – *O rio*, redigido no ano anterior, recebe o Prêmio José de Anchieta, concedido pela Comissão do IV Centenário de São Paulo, que também imprime uma edição do texto. A Editora Orfeu publica uma edição de seus *Poemas reunidos*. Retorna às funções diplomáticas.

1955 – Recebe, da Academia Brasileira de Letras, o Prêmio Olavo Bilac.

1956 – Sai, pela Editora José Olympio, *Duas águas*. Além dos livros anteriores, o volume contém *Paisagens com figuras*, *Uma faca só lâmina* e *Morte e vida severina*. Volta a residir na Espanha.

1958 – É transferido para Marselha, França.

1960 – Em Lisboa, publica *Quaderna* e, em Madri, *Dois parlamentos*. Retorna para a Espanha, trabalhando agora em Madri.

1961 – Reunindo *Quaderna* e *Dois parlamentos*, junto com o inédito *Serial*, a Editora do Autor publica *Terceira feira*.

1964 – É nomeado um dos representantes da delegação brasileira nas Nações Unidas, em Genebra.

1966 – Com música de Chico Buarque de Holanda, o Teatro da Universidade Católica de São Paulo (Tuca) monta *Morte e vida severina*, com estrondoso sucesso. A peça é encenada em diversas cidades brasileiras e, depois, em Portugal e na França. Publica *A educação pela pedra*, que recebe vários prêmios, entre eles o Jabuti. O Itamaraty o transfere para Berna.

1968 – A Editora Sabiá publica a primeira edição de suas *Poesias completas*. É eleito, na vaga deixada por Assis Chateaubriand, para ocupar a cadeira 37 da Academia Brasileira de Letras. Retorna para Barcelona.

1969 – Com recepção de José Américo de Almeida, toma posse na Academia Brasileira de Letras. É transferido para Assunção, no Paraguai.

1972 – É nomeado embaixador no Senegal, África.

1975 – A Associação Paulista de Críticos de Arte lhe concede o Grande Prêmio de Crítica. Publica *Museu de tudo*.

1980 – Publica *A escola das facas*.

1981 – É transferido para a embaixada de Honduras.

1984 – Publica *Auto do frade*.

1985 – Publica *Agrestes*.

1986 – Assume o Consulado-Geral no Porto, Portugal.

1987 – No mesmo ano, recebe o prêmio da União Brasileira de Escritores e publica *Crime na calle Relator*. Retorna ao Brasil.

1988 – Publica *Museu de tudo e depois*.

1990 – Aposenta-se do Itamaraty. Publica *Sevilha andando* e recebe, em Lisboa, o Prêmio Luís de Camões.

1992 – Em Sevilha, na Exposição do IV Centenário da Descoberta da América é distribuída a antologia *Poemas sevilhanos*, especialmente preparada para a ocasião. A Universidade de Oklahoma lhe concede o Neustadt International Prize.

1994 – São publicadas, em um único volume, suas *Obras completas*. Recebe na Espanha o Prêmio Rainha Sofia de Poesia Ibero-Americana, pelo conjunto da obra.

1996 – O Instituto Moreira Salles inaugura os *Cadernos de literatura brasileira* com um número sobre o poeta.

1999 – João Cabral de Melo Neto falece no Rio de Janeiro.

(Fontes: Melo Neto, João Cabral. *Poesia completa e prosa*. Rio de Janeiro: Nova Aguilar, 2008; *Cadernos de literatura brasileira*. Instituto Moreira Salles. nº 1, março de 1996; Castello, José. *João Cabral de Melo Neto: o homem sem alma & Diário de tudo*. Rio de Janeiro: Bertrand Brasil, 2006; Academia Brasileira de Letras; Fundação Joaquim Nabuco.)

Bibliografia do autor

POESIA

Livros avulsos

Pedra do sono. Recife: edição do autor, 1942. [sem numeração de páginas.] Tiragem de 300 exemplares, mais 40 em papel especial.

Os três mal-amados. Rio de Janeiro: Revista do Brasil, nº 56, dezembro de 1943. p. 64-71.

O engenheiro. Rio de Janeiro: Amigos da Poesia, 1945. 55 p.

Psicologia da composição com *A fábula de Anfion* e *Antiode*. Barcelona: O Livro Inconsútil, 1947. 55 p. Tiragem restrita, não especificada, mais 15 em papel especial.

O cão sem plumas. Barcelona: O Livro Inconsútil, 1950. 41 p. Tiragem restrita, não especificada.

O rio ou *Relação da viagem que faz o Capibaribe de sua nascente à cidade do Recife*. São Paulo: Edição da Comissão do IV Centenário de São Paulo, 1954. [s.n.p.]

Quaderna. Lisboa: Guimarães Editores, 1960. 113 p.

Dois parlamentos. Madri: edição do autor, 1961. [s.n.p.] Tiragem de 200 exemplares.

A educação pela pedra. Rio de Janeiro: Editora do Autor, 1966. 111 p.

Museu de tudo. Rio de Janeiro: José Olympio, 1975. 96 p.

A escola das facas. Rio de Janeiro: José Olympio, 1980. 94 p.

Auto do frade. Rio de Janeiro: José Olympio, 1984. 87 p.

Agrestes. Rio de Janeiro: Nova Fronteira, 1985. 160 p. Além da convencional, houve tiragem de 500 exemplares em papel especial.

Crime na calle Relator. Rio de Janeiro: Nova Fronteira, 1987. 82 p.

Sevilha andando. Rio de Janeiro: Nova Fronteira, 1989. 84 p.

Primeiros poemas. Rio de Janeiro: Faculdade de Letras da UFRJ, 1990. 46 p. Tiragem de 500 exemplares.

Obras reunidas

Poemas reunidos. Rio de Janeiro: Orfeu, 1954. 126 p.

Duas águas. Rio de Janeiro: José Olympio, 1956. 270 p. Inclui em primeira edição *Morte e vida severina*, *Paisagens com figuras* e *Uma faca só lâmina*. Além da convencional, houve tiragem de 20 exemplares em papel especial.

Terceira feira. Rio de Janeiro: Editora do Autor, 1961. 214 p. Inclui em primeira edição *Serial*.

Poesias completas. Rio de Janeiro: Sabiá, 1968. 385 p.

Poesia completa. Lisboa: Imprensa Nacional/Casa da Moeda, 1986. 452 p.

Museu de tudo e depois (1967-1987). Rio de Janeiro: Nova Fronteira, 1988. 339 p.

Obra completa. Rio de Janeiro: Nova Aguilar, 1994. Inclui em primeira edição *Andando Sevilha*. 836 p.

Serial e antes. Rio de Janeiro: Nova Fronteira, 1997. 325 p.

A educação pela pedra e depois. Rio de Janeiro: Nova Fronteira, 1997. 385 p.

O cão sem plumas. Rio de Janeiro: Objetiva, 2007. 204 p. Inclui *Pedra do sono, Os três mal-amados, O engenheiro, Psicologia da composição* e *O cão sem plumas*.

Morte e vida severina. Rio de Janeiro: Objetiva, 2007. 176 p. Inclui *O rio, Morte e vida severina, Paisagens com figuras* e *Uma faca só lâmina*.

A educação pela pedra. Rio de Janeiro: Objetiva, 2008. 298 p. Inclui *Quaderna, Dois parlamentos, Serial* e *A educação pela pedra*.

Poesia completa e prosa. Rio de Janeiro: Nova Aguilar, 2008. 820 p.

Antologias

Poemas escolhidos. Lisboa: Portugália Editora, 1963. 273 p. Seleção de Alexandre O'Neil.

Antologia poética. Rio de Janeiro: Editora do Autor, 1965. 190 p.

Morte e vida severina e outros poemas em voz alta. Rio de Janeiro: Editora do Autor, 1966. 153 p.

Literatura comentada. São Paulo: Abril Educação, 1982. 112 p. Seleção de José Fulaneti de Nadai.

Poesia crítica. Rio de Janeiro: José Olympio, 1982. 125 p.

Melhores poemas. São Paulo: Global, 1985. 231 p. Seleção de Antonio Carlos Secchin.

Poemas pernambucanos. Rio de Janeiro: Nova Fronteira/Centro Cultural José Mariano, 1988. 217 p.

Poemas sevilhanos. Rio de Janeiro: Nova Fronteira, 1992. 219 p.

Entre o sertão e Sevilha. Rio de Janeiro: Ediouro, 1997. 109 p. Seleção de Maura Sardinha.

O artista inconfessável. Rio de Janeiro: Objetiva, 2007. 200 p.

PROSA

Considerações sobre o poeta dormindo. Recife: Renovação, 1941. [s.n.p.]

Joan Miró. Barcelona: Editions de l'Oc, 1950. 51 p. Tiragem de 130 exemplares. Com gravuras originais de Joan Miró.

Aniki Bobó. Recife: s/editor, 1958. Ilustrações de Aloisio Magalhães. [s.n.p.] Tiragem de 30 exemplares.

O Arquivo das Índias e o Brasil. Rio de Janeiro: Ministério das Relações Exteriores, 1966. 779 p. Pesquisa histórica.

Guararapes. Recife: Secretaria de Cultura e Esportes, 1981. 11 p.

Poesia e composição. Conferência realizada na Biblioteca Municipal Mário de Andrade, de São Paulo, em 1952. Coimbra: Fenda Edições, 1982. 18 p. Tiragem de 500 exemplares.

Idéias fixas. Rio de Janeiro: Nova Fronteira/FBN; Mogi das Cruzes, SP: UMC, 1998. 151 p. Org. Félix de Athayde.

Prosa. Rio de Janeiro: Nova Fronteira, 1998. 139 p.

Correspondência de Cabral com Bandeira e Drummond. Rio de Janeiro: Nova Fronteira/Casa de Rui Barbosa, 2001. 319 p. Org. Flora Süssekind.

Bibliografia selecionada sobre o autor

ATHAYDE, Félix de. *A viagem (ou Itinerário intelectual que fez João Cabral de Melo Neto do racionalismo ao materialismo dialético)*. Rio de Janeiro: Nova Fronteira/Fundação Biblioteca Nacional, 2000. 111 p.

BARBIERI, Ivo. *Geometria da composição*. Rio de Janeiro: Sette Letras, 1997. 143 p.

BARBOSA, João Alexandre. *A imitação da forma: uma leitura de João Cabral de Melo Neto*. São Paulo: Duas Cidades, 1975. 229 p.

_____. *João Cabral de Melo Neto*. São Paulo: PubliFolha, 2001. 112 p.

BRASIL, Assis. *Manuel e João*. Rio de Janeiro: Imago, 1990. 270 p.

CAMPOS, Maria do Carmo, org. *João Cabral em perspectiva*. Porto Alegre: Editora da UFRG, 1995. 198 p.

CARONE, Modesto. *A poética do silêncio*. São Paulo: Perspectiva, 1979. 128 p.

CASTELLO, José. *João Cabral de Melo Neto: o homem sem alma* & *Diário de tudo*. Rio de Janeiro: Bertrand Brasil, 2006. 269 p.

COUTINHO, Edilberto. *Cabral no Recife e na memória*. Recife: Suplemento Cultural do *Diário Oficial*, 1997. 33 p.

CRESPO, Angel, e GOMEZ Bedate, Pilar. *Realidad y forma en la poesía de Cabral de Melo*. Madri: Revista de Cultura Brasileña, 1964. 69 p.

ESCOREL, Lauro. *A pedra e o rio*. 2ª ed. Rio de Janeiro: Academia Brasileira de Letras, 2001. 141 p.

GONÇALVES, Aguinaldo. *Transição e permanência. Miró/ João Cabral: da tela ao texto*. São Paulo: Iluminuras, 1989. 183 p.

LIMA, Luiz Costa. *Lira e antilira – Mário, Drummond, Cabral*. 2ª ed. Rio de Janeiro: Topbooks, 1995. 335 p.

LOBO, Danilo. *O poema e o quadro: o picturalismo na obra de João Cabral de Melo Neto*. Brasília: Thesaurus, 1981. 157 p.

LUCAS, Fábio. *O poeta e a mídia*. Carlos Drummond de Andrade e João Cabral de Melo Neto. São Paulo: SENAC, 2003. 143 p.

MAMEDE, Zila. *Civil geometria*. Bibliografia crítica, analítica e anotada de João Cabral de Melo Neto. São Paulo: Livraria Nobel/EDUSP, 1987. 524 p.

MARTELO, Rosa Maria. *Estrutura e transposição*. Porto: Fundação Eng. António de Almeida, 1989. 138 p.

NUNES, Benedito. *João Cabral: a máquina do poema*. Brasília: Editora Universidade de Brasília, 2007. 173 p.

_____. *João Cabral de Melo Neto*. Petrópolis: Vozes, 1971. 217 p.

PEIXOTO, Marta. *Poesia com coisas: uma leitura de João Cabral de Melo Neto.* São Paulo: Perspectiva, 1983. 215 p.

PEIXOTO, Níobe Abreu. *João Cabral e o poema dramático:* Auto do frade, *poema para vozes.* São Paulo: Annablume/FAPESP, 2001. 150 p.

SAMPAIO, Maria Lúcia Pinheiro. *Processos retóricos na obra de João Cabral de Melo Neto.* São Paulo: HUCITEC, 1980. 168 p.

SECCHIN, Antonio Carlos. *João Cabral: a poesia do menos e outros ensaios cabralinos.* 2ª ed., rev. e ampliada. Rio de Janeiro/São Paulo: Topbooks/Universidade de Mogi das Cruzes, 1999. 333 p.

SENNA, Marta de. *João Cabral: tempo e memória.* Rio de Janeiro: Antares, 1980. 209 p.

SOARES, Angélica Maria Santos. *O poema: construção às avessas: uma leitura de João Cabral de Melo Neto.* Rio de Janeiro: Tempo Brasileiro, 1978. 86 p.

SOUZA, Helton Gonçalves de. *A poesia crítica de João Cabral de Melo Neto.* São Paulo: Annablume, 1999. 220 p.

_____. *Dialogramas concretos.* Uma leitura comparativa das poéticas de João Cabral de Melo Neto e Augusto de Campos. São Paulo: Annablume, 2004. 276 p.

TAVARES, Maria Andresen de Sousa. *Poesia e pensamento.* Wallace Stevens, Francis Ponge, João Cabral de Melo Neto. Lisboa: Caminho, 2001. 383 p.

TENÓRIO, Waldecy. *A bailadora andaluza*: a explosão do sagrado na poesia de João Cabral. São Paulo: Ateliê Editorial, 1996. 178 p.

VÁRIOS. *The Rigors of Necessity.* Oklahoma: World Literature Today, The University of Oklahoma, 1992. p. 559-678.

VÁRIOS. *Dossiê João Cabral*. Revista Range Rede, nº 0. Rio de Janeiro: Grupo de Estudos Literários Palavra Palavra, 1995. 80 p.

VÁRIOS. *João Cabral de Melo Neto*. Cadernos de Literatura nº 1. Rio de Janeiro: Instituto Moreira Salles, 1996. 131 p.

VÁRIOS. *Paisagem tipográfica*. Homenagem a João Cabral de Melo Neto. Lisboa: Colóquio/Letras 157/158, julho-dezembro de 2000. 462 p.

VERNIERI, Susana. *O Capibaribe de João Cabral em O cão sem plumas e O rio: Duas águas?*. São Paulo: Annablume, 1999. 195 p.

Índice de títulos

129 A água da areia
81 A Antonio Mairena, *cantador de flamenco*
27 *A Augusto de Campos*
157 A cama e um automóvel
96 A Camilo Castelo Branco
84 A entrevistada disse, na entrevista:
73 A Giralda
111 A literatura como turismo
80 A luz de Sevilha
154 A morte dos outros
104 A poesia de William Empson
59 A preguiça
60 A rede ou o que Sevilha não conhece
39 A Roda dos Expostos da Jaqueira
162 A travessia do Atlântico
107 A W. H. Auden
94 Ao Reverendo George Crabbe
152 As astúcias da morte
41 As latrinas do Colégio Marista do Recife

138   Afogado nos Andes
128   África & poesia
 82   Anunciação de Sevilha
 70   Bancos & catedrais
 32   Cais do Apolo
 97   Caricatura de Henry James
143   Cemitério na Cordilheira
163   Cemitérios metropolitanos
155   Como a morte se infiltra
149   Conselhos do Conselheiro
116   Contam de Clarice Lispector
 67   Conversa de sevilhana
 44   Conversa em Londres, 1952
110   De um jogador brasileiro a um técnico espanhol
114   Debruçado sobre os *Cadernos* de Paul Valéry
108   Denton Welch
109   Diante da folha branca
113   Díptico: José Américo de Almeida
160   Direito à morte
103   Dúvidas apócrifas de Marianne Moore
131   Em missão, de Dacar a Bissau
 86   *España en el corazón*
106   Falar com coisas
 93   Homenagem a Paul Klee
112   Homenagem renovada a Marianne Moore
124   Lembrança do Mali
 49   Lembrança do Porto dos Cavalos
 69   Lembrando Manolete
158   Morrer de avião
 98   Murilo Mendes e os rios
126   Na Guiné
135   No Páramo

125	O baobá como cemitério
123	O baobá no Senegal
56	O Capibaribe e a leitura
105	O ceramista
145	O Chimborazo como tribuna
136	O corredor de vulcões
151	O defunto amordaçado
61	O helicóptero de Nossa Senhora do Carmo
137	O índio da Cordilheira
34	O jardim de minha avó
50	O luto no Sertão
74	O mito em carne viva
31	O nada que é
161	O ovo podre
102	O poeta Thomas Hardy fala
169	*O postigo*
144	O ritmo do Chimborazo
130	O Senegal *versus* a cabra
140	O trono da ovelha
117	O último poema
132	Os cajueiros da Guiné-Bissau
165	Os vizinhos
76	Ocorrências de uma sevilhana
99	Ouvindo em disco Marianne Moore
51	Por que prenderam o "Cabeleira"
88	Por um monumento no Pumarejo
72	*Portrait of a Lady*
127	Praia ao norte de Dacar
166	Questão de pontuação
36	Seu Melo, do engenho Tabocas
118	Sobre Elizabeth Bishop
167	Sujam o suicídio

47   Teologia marista
57   *The Return of the Native*
54   Um baobá no Recife
119 Um piolho de Rui Barbosa
141 Um sono sem frestas
79   Uma *bailadora* sevilhana
142 Uma enorme rês deitada
42   Uma evocação do Recife
100 Visita a São Miguel de Seide

Índice de primeiros versos

162	A dez mil metros de altura
86	A Espanha é uma coisa de tripa.
144	A imensa espera da montanha:
154	A morte alheia tem anedota
128	A voz equivocada da África
27	*Ao tentar passar a limpo,*
106	As coisas, por detrás de nós,
169	*Agora aos sessenta e mais anos,*
155	Certo dia, não se levanta,
119	Certo piolho de Rui Barbosa
111	Certos autores são capazes
79	Como e por que sou *bailadora*?
57	Como já não poderá dar-se
126	Conacri dá de volta
112	Cruzando desertos de frio
136	Dá-se que um homem pouco vulcânico
44	Durante que vivia em Londres,
123	É a grande árvore maternal,
163	É a morte o sutil apagar

145	É estranho como esta montanha
99	Ela desvestiu a poesia,
74	Em certo lugar de Castela,
100	Embora eu venha tão depois,
39	Era uma janela de tábuas,
94	Escrever como em prateleiras,
108	Escreveu na prosa qualquer,
130	Está ameaçado pelo Sahel,
81	Existir como quem se arrisca
105	Fechar na mão fechada do ovo
152	Há o morrer em lâmina fina
60	Há uma lembrança para o corpo,
36	Houve um Pau-d'Alho que já foi
107	Já não descontarei o cheque
76	Me confiava uma sevilhana
158	Morrer de morte de avião,
157	Morrer é andar de automóvel:
165	Muito cuidado com os vizinhos
113	Muito marcou o adolescente
98	Murilo Mendes, cada vez
104	Na poesia dele não se habita.
110	Não é a bola alguma carta
102	Não é por não ter o ouvido músico:
80	Não há uma luz sobre Sevilha,
117	Não sei quem me manda a poesia
47	Nas aulas de Apologética,
141	Nas províncias do Chimborazo
93	Nele houve o insano projeto
138	No ar rarefeito como a vida
32	No Cais do Apolo, no Recife,
135	No Páramo, passada Riobamba,
140	Nos altos pés do Chimborazo

41	Nos Colégios Maristas (Recife),
61	Nossa Senhora do Carmo,
82	Nunca eu vira ninguém andar
72	Nunca vi nem mesmo andaluza
131	O avião-táxi me apeia em Bissau,
56	O Capibaribe no Recife
151	O homem não morre mineral.
49	O incenso e fumos não sagrados:
137	O índio anda sempre correndo,
167	O pior que existe no suicídio,
127	O que é mais agoniante
42	O Recife até os anos quarenta
97	O romancista solteirona
51	Os canaviais do Engenho Novo
143	Os cemitérios não têm muros,
124	Os tuaregues do Saara
125	Pelo inteiro Senegal,
50	Pelo Sertão não se tem como
129	Podem a ablução os muçulmanos
88	Popular não é um bairro,
161	Por que a expressão do que não houve
34	Qualquer chácara então podia
70	Quando de carro comigo
142	Quando te viajei tão de perto
59	Que relação o bicho preguiça
118	Quem falar como ela falou
114	Quem que poderia a coragem
54	Recife. Campo das Princesas.
132	São plantados em pelotões.
96	Se num mesmo nível de tempo
67	Se vamos todos para o inferno,
103	Sempre evitei falar de mim,

73   Sevilha de noite: a Giralda,
84   Sou de Cádis, não de Sevilha.
109 Tanta lucidez dá vertigem.
149 Temer quedas sobremaneira
166 Todo mundo aceita que ao homem
69   Tourear, ou viver como expor-se;
31   Um canavial tem a extensão
116 Um dia, Clarice Lispector
160 Viver é poder ter consigo

Copyright © by herdeiros de João Cabral de Melo Neto
Todos os direitos desta edição reservados à
Editora Objetiva Ltda.
Rua Cosme Velho, 103
Rio de Janeiro — RJ — Cep: 22241-090
Tel.: (21) 2199-7824 — Fax: (21) 2199-7825
www.objetiva.com.br

Capa e projeto gráfico
Mariana Newlands

Imagem de capa
Theo Allofs/Corbis/LatinStock

Estabelecimento do texto e bibliografia
Antonio Carlos Secchin

Revisão
Fátima Fadel
Ana Grillo

Editoração eletrônica
Abreu's System Ltda.

CIP-BRASIL. CATALOGAÇÃO-NA-FONTE
SINDICATO NACIONAL DOS EDITORES DE LIVROS, RJ.

M486a
    Melo Neto, João Cabral de
        Agrestes / João Cabral de Melo Neto ; [estabelecimento de texto e bibliografia
    Antonio Carlos Secchin]. - Rio de Janeiro : Objetiva, 2009.
        194p.   ISBN 978-85-60281-69-5

        Inclui cronologia, bibliografia do autor e bibliografia selecionada sobre o autor

        1. Poesia brasileira. I. Secchin, Antonio Carlos, 1952-. II. Título.

08-4952.   CDD: 869.91
                                                        CDU: 821.134.3(81)-1

Este livro foi impresso na
LIS GRÁFICA E EDITORA LTDA.
Rua Felício Antônio Alves, 370 – Bonsucesso
CEP 07175-450 – Guarulhos – SP – Fax: (11) 3382-0778
Fone: (11) 3382-0777 – e-mail: lisgrafica@lisgrafica.com.br